KB151258

야초(野草) 선생이 전하는

태극권의 힐링

김흥래 편저

박영story

이 책은 본인이 30여 년 전 야초라는 노사를 통하여
태극권을 알게 된 이후 노사의 가르침을 기록해 두었다가
활자화 한 것이다.

노사는 세상에 드러내지 않고 권(拳)을 완성한 분인데
공력이 매우 높아서 손가락 하나에 사람들이 힘을
못 쓰고 주저앉거나 튕겨나갔다.
노사의 손이 사람의 몸에 닿지 않아도 끌려오고 밀려갔고
아무리 힘이 세고 몸집이 큰 사람도 꼼짝을 하지 못했다.

노사는 한의학과 동양사상에 깊은 학식이 있었던 분이다.
어느 날 우연히 들른 암자에서 법화경 방편품을 보다가
큰 깨달음을 얻고 태극권의 공력이 더 커졌다는 말씀을
들었는데, 그 이후 불가사의한 행적이 많았다.

물은 세 가지 특성을 지녔으니

一. 개울물같이 높은데서 낮은곳으로
흐르며 구석구석마다 스며들며,

一. 영을 가하면 용솟음치고 솟아오르고,

一. 냉기를 얻으면 굳어져 날카로운
창 칼도 뚫지 못함이라.

野 美、

물의 특성을 닮고
수련하는 사람들께 당부함.

태극권 정요(太極拳 精要)

心靜身正 以意運動
심정신정 이의운동

마음을 안정시키고 몸을 바르게 한 다음
이러한 바탕에서 동작을 시연한다.

開合虛實 呼吸自然
개합허실 호흡자연

열고 닫는 것은 허실이 있게 하고,
호흡은 자연에 맞게 한다.

輕靈圓轉 中氣貫足
경영원전 중기관족

영을 가볍게 하여 원만히 구르듯 하고,
중기가 발까지 뚫어 통하게 한다.

纏繞運動 舒暢經絡
전요운동 서창경락

뒤틀림의 기운을 온몸으로 행하여
경락이 서서히 밝아져 창만하도록 한다.

上下相隨 內外相合
상하상수 내외상합

위와 아래가 서로 서로 따르게 하고,
안과 밖이 서로 합하도록 한다.

著著貫串 勢勢相承
착착관천 세세상승

모든 동작을 따라붙여 하나로 뚫어꿰며,
세와 세가 서로 이어지도록 한다.

虛領頂勁 氣沈丹田
허령정경 기침단전

목과 어깨에 힘을 빼고 바르게 하며,
기가 단전에 잠기게 한다.

含胸拔背 沈肩墜肘　　가슴은 품고 등은 펴며,
함흉발배 침견추주　　어깨를 내리고 팔꿈치를 떨어트린다.

運柔成剛 剛柔相濟　　부드러움을 이끌어 강함을 이루며,
운유성강 강유상제　　강함과 부드러움이 서로 어우러지도록 한다.

先慢後快 快而復慢　　시작은 느리게 나중은 빠르게 운용하고,
선만후쾌 쾌이복만　　빠르게 한 뒤에 다시 느림으로 마무리한다.

剛柔俱泯 一片神行　　강함과 부드러움 모두 다해 없애면,
강유구민 일편신행　　마침내 하나의 신행을 이루노라.

培養本元 勤學苦練　　권은 본원을 배양하는 것이니,
배양본원 근학고련　　부지런히 배우고 고되게 수련하라.

들어가면서

태극권이란 명칭은 많은 사람들의 귀에 익숙하지만 실제로 그 본질을 파악하고 체득한 이는 거의 없다.

태극권의 동작이 유연하고 느리다보니 노약자들이 하는 운동이라고 오해하기 쉽다. 태극권은 그 어떤 운동보다도 훨씬 더 많은 에너지를 필요로 하는 힘든 운동이며 매우 강한 무술이기도 하다. 태극권을 해보지 않은 사람은 전혀 힘이 안 드는 동작의 연속으로 생각할 수도 있겠지만 스스로 해 보면 즉시 그런 생각이 바뀐다.

일반인들은 태극권을 중국에서 시작된 무술로 알고 있으나, 중국에서 정형화되었을 뿐 중국 고유의 것이라고 딱히 말할 수 없다.

태극권의 형태는 어디에나 존재한다. 무술의 형태로 존재하기도 하고 춤의 형태로 존재하기도 한다. 또는 소리의 형태로 존재하는 등 각양각색으로 존재한다. 무술 관점으로 한정하면, 우리나라의 유술, 중국의 우슈 남아메리카의 각법 등이 태극권에 바탕을 두고 있다. 우리나라의 민속춤 학춤 등은 말할 것도 없고, 정적인 춤, 동적인 춤 등 전래하는 춤들이 모두 태극을 형상화한 것이라고 볼 수 있다. 각 나라 각 민족에서 면면히 이어지는 가요들도 다 인간 내면의 속성과 자연의 속성에서 나오는 태극을 형상화한 것이다. 그러므로 태극권이 중국에서 시작된 우슈의 하나라는 선입견에 매일 필요가 없다. 내가 잘 익히면 내 것이 되고, 더 나아가 한국의 무가 되는 것이다.

별 것 없어 보이는 춤사위에도 사람이 상처를 입거나 그 잠력에 나가떨어질 수 있다. 내공으로 소리를 냈을 때 상대방의 오장육부가 터질 수 있으며, 단지 악기소리 만으로 상해를 입히거나 기절시키는 경우도 있다. 이런 것들을 모두 태극권이라 하여도 이론이 없다. 춤을 추거나 소리를 지르면 통증이 사라지고 병이 낫는 일이 있으며 악기소리를 듣고 불구가 낫는 경우도 있다. 태극이 승화된 결과라고 하겠다. 사랑의 감정으로 씨앗을 뿌리고 가꾸면 미움으로 가꾼 씨앗에 비해 싹트고 꽃 피는 상태가 확연히 다르다. 이 역시 씨앗과 가꾸는 마음 간의 차이, 즉 태극이 합일되고 합일되지 않은 관계이다.

중국에서 정형화된 여러 태극권 가운데 널리 알려진 것으로는 진씨태극권(陳式) 양씨태극권(楊式) 손씨태극권 오씨태극권 무씨태극권이 있다. 이 외에도 무수히 많지만 여기서는 양식 중심의 태극권을 설명하고 태극권 이외의 내가권인 팔괘장과 형의권에 대해서도 설명하고자 한다. 아울러 권을 핵심화한 검과 권을 익히는 데 도움이 되는 도, 선, 곤 등을 조금 선보이겠다.

여기서 서술한 설명이 모든 권에 통용된다고 생각하지 않았으면 한다. 추구하는 목적과 결과는 종국에 모두 하나로 귀결되지만 양식 태극권 하나만도 80여 개의 유파로 나뉘어져 있는데다가 그 각각의 지도운용 방법도 가르치는 사람과 배우는 사람에 따라 다를 수 있기 때문이다. 다만 모든 권이 추구하는 바, 궁극의 목적은 같으므로 어떤 권이든 스스로 체득할 때까지 열심히 수련하기 바란다.

본 설명이 권을 처음 접하는 초심자나 오랜 수련을 하고도 근본을 꿰뚫지 못한 무도인들에게 도움이 되었으면 한다. 또한 많은 사람들이 이 책을 통해 태극권에 입문하고 심신의 병고에서 해방되기를 바라며, 본성을 깨닫는 좋은 방편으로 활용하기를 기대해 본다.

차 례

제 1 장

생활태극권

일상생활에서 누구나 쉽게 수련할 수 있는 태극권을 소개한다. 간단하지만 효과가 크고 빠르다. 인생은 여러 가지 원인에 의해서 급변할 수 있다. 내일을 장담할 수 없는 것이 인생이기도 하다. 태극권을 통해 내공이 쌓이면 최소한 나의 건강을 지킬 수 있고 각종 사고로부터 벗어난다.

1. 두부젓기

두부젓는 듯한 자세라서 붙여진 이름이다. 먼저 두 발을 어깨너비로 벌리고 어깨에 힘을 빼고 두 팔을 밑으로 내린 뒤 손바닥을 펴서 노궁이 지면과 수평이 되게 한다.

오른손바닥을 시계방향으로 원을 그리고 왼손바닥은 시계 반대방향으로 천천히 원을 그린다. 두 손바닥의 궤적은 허리부분에서 수평이 되어야 하며 오른손 왼손 연이어 원을 그려서 숫자 8이 되도록 한다. 손바닥은 물위의 표면을 스치듯이 수평을 유지한다. 5분간 수련 후 좌우로 다리에 반동을 주면서 한다. 왼손을 왼쪽으로 돌릴 때 다리가 왼쪽으로 움직이고 오른손을 오른쪽으로 돌릴 때 오른쪽으로 움직인다. 이때 손바닥 노궁에서는 지기를 강하게 빨아들이는 의식을 가져야 한다. 이렇게 5분간 하고 다시 두 발의 간격을 더 넓게 해서 하고 또 좌우로 이동하면서 적당한 시간동안 수련한다. 보폭이 넓어질 때 손의 원주도 넓어진다.

이 공법은 각종 질병을 완화시키며 암도 물리친다. 태극권의 고수가 이 수련을 할 때에 다른 사람이 근접하면 바로 튕겨나간다.

2. 람작미(붕리제안)

양식태극권의 24식 48식 64등 모든 태극권법의 맨 앞에 나오는 가장 중요하고 핵심적인 초식이다. 좌우로 각 1식씩 2개 초식인데 이 동작만 잘하면 여타 백가지 초식을 다 잘할 수 있다(태극권 64식 편 참고).

태극권은 허(虛)와 실(實)을 분명히 해야 한다. 람작미의 형식은 상대방을 잡아당겼다가 밀치는 동작이다. 밀칠 때는 앞발에 체중이 실려야 하고 당길 때는 뒷발에만 체중이 실려야 한다. 한쪽 다리가 땅바닥을 잘 지탱하면서도 자세가 안정적이어야 한다.

두 손으로 공을 안은 자세에서 한 손으로는 앞쪽의 손을 가볍게 받쳐주면서 손목의 등쪽으로 상대방 가슴을 공격한다(붕). 다시 상대방의 멱살을 잡아당겨 매치듯 하고(리), 이어서 두 손을 단전부위에서 모았다가 손목의 등쪽으로 상대방 가슴을 재차 공격(제)한다. 다음에 두 손을 뒤집어 손바닥을 아래로 향하게 하고 어깨너비로 벌려 나란히 허리 높이로 당겨 내린 다음 다시 상대방의 가슴부위를 밀치는 (안) 일련의 동작이다. 이것을 좌우로 한다. 우측으로 하여 오른손으

로 가격하면 우람작미, 좌측으로 하여 왼손으로 가격하면 좌람작미가 된다. 람작미를 할 때에는 자세를 낮추고 허리가 유연하게 돌아가게 하는 것이 중요하다. 뒷굽이를 하였을 때 앞발에 힘이 들어가지 않게 하면서 최대한 낮은 자세를 취해야 한다. 허리가 뻣뻣하거나 아킬레스건이 굳어 있는 사람은 하기 힘든 동작이다. 아킬레스건을 유연하게 해서 자세가 잡혀야 한 동작 한 동작에서 기미가 생기고 내공이 쌓인다. 절이나 벽권, 참립공 등이 허리와 다리의 경직된 부분을 풀어주는데 도움이 된다.

이러한 동작들은 막힌 경락을 열어서 기순환과 혈액순환에 도움을 주며, 불면증과 고혈압, 당뇨병 등에 효과가 있다. 처음 배우는 사람은 낮은 자세를 취할 때에 대퇴부가 아파서 견디지 못한다. 그것을 인내하면서 자세를 낮추면 화기(火氣)가 가라앉아서 분노심을 삭이고 불안 초조감이 해소되어 마음이 안정되고 자신감이 배양된다. 람작미를 하면 단전호흡을 별도로 익히지 않아도 단전호흡을 통해 얻는 공력을 다 얻을 수 있다.

3. 벽권

주먹질 하나로 무림을 제패했다는 전설이 있다. 바로 벽권이다. 벽권은 손바닥을 펴서 장(掌)으로 상대방을 공격하는 권법이다. 벽권은 형의권법의 핵심이다.

내가권(태극권, 형의권, 팔괘장)에서 원칙은 손이 임맥선 상에서 움직이는 것이다. 일반적인 무술은 주먹을 지를 때 팔과 어깨의 힘으로 내지르지만 내가권은 명문의 힘으로 지른다. 싸움 무술들은 대개 근육과 스피드에 중점을 둔다. 나이가 들어 근육의 힘이 빠지면 실속이 없는 무술일 뿐이다. 태극권은 늙어 죽기 전까지 공력이 지속적으로 쌓인다. 벽권은 장이 아랫배 단전 앞부분에서부터 시작하여 임맥선을 따라 중단전까지 올라와서 포물선의 궤적을 그리면서 상대방의 가슴 부분을 가격하는 권법이다.

　이때 두 발은 정면에서 보았을 때 일직선상에 있되 뒷발에 60% 앞발에 40%의 체중이 실리도록 한다. 두 발의 간격은 자신의 발바닥에서부터 무릎 높이까지의 길이가 적당하다. 좀 더 넓어도 상관없다. 이러한 자세를 삼체식이라고 하는데, 삼체식 자세를 좌우로 하여 수련한다. 먼저 왼발을 앞으로 하고 오른손을 주먹 쥔 상태에서 가슴 위치의 앞으로 낸 다음 빠르게 당기면서 아랫배에 위치한 왼손은 단전의 기운을 임맥을 따라 끌어올려 오른손과 교차하면서 강하게 가격한다. 나가는 발쪽의 손으로 공격하고 앞으로 뛰어나가면서 하는 것이 원칙이나, 제자리에서 하기도 하며 앞발이 리드하여 앞으로 뛰어나가면서 왼손 오른손 번갈아 하기도 한다. 앞으로 내민 손을 강하게 당겨올수록 내지르는 장력도 그만큼 강하다. 내치는 것만큼 당겨오는 것이 중요하다. 이 공법은 임독맥을 소통하게 하는 매우 직접적이고 효과적인 공법이다. 장으로 강하게 가격하는 만큼 허리와 다리도 유연해진다. 벽권은 특히 호흡에 맞춰서 해야 하며 내쉬면서 강하게 내리친다. 5분 수련한 후 1분간 쉰다.

4. 수미산

참립공보다 더 강력하고 빠른 효과가 나타나는 공법이다. 두 발을 어깨의 두 배 너비로 벌리고 두 팔을 머리 위에 올린 다음 손바닥을 뒤집어 하늘을 떠받친다. 무릎이 직각인 상태까지 자세를 최대한 낮춘다. 이 자세로 20분 이상 할 수 있어야 한다. 두 발은 나란히 십일자가 되어야 하며 두 발바닥이 바깥쪽으로 벌어지면 안 된다. 오히려 발바닥 앞쪽을 안쪽으로 더 틀어야 한다.

5. 절하기

절이 심신의 건강에 좋다는 것은 널리 알려져 있다. 허리디스크가 걸린 사람이 절을 해서 나았고, 상기증세도 절을 해서 효과를 본 경우가 많다. 그러나 절을 하는 사람은 많지만 절을 제대로 하는 사람이 별로 없다.

절을 할 때에는 상체가 앞뒤 좌우로 흔들리면 안 된다. 자세를 수직으로 꼿꼿이 하여 백회와 회음이 일직선인 상태로 유지하고, 일직선 상태 그대로 자세를 낮추면서 무릎을 꿇는다. 무릎이 바닥에 닿으면 왼손은 가슴에 그대로 두고, 엎드렸을 때 양쪽 귀가 위치할 장소에 오른손을 두고 이어서 왼손을 놓은 다음 이마가 땅에 닿도록 엎드린다. 일어날 때는 역순으로 한다.

절은 10초에 한번 하는 것이 좋다. 이 정도 속도로 쉬지 말고 30분 또는 60분 한다. 10초에 한번 하는 속도로 3시간을 쉬지 않고 하면

1,080번이 된다. 15초 내지 20초에 한번 하는 것도 좋다. 절은 태극권을 완성하는 데 큰 도움이 된다.

6. 창니보

팔괘장에서 매우 중요한 공법으로서 진흙을 뚫고 들어가는 듯한 보법이다. 이 보법은 팔괘장의 본질을 깨닫기 위한 필수적인 공법인데, 특히 허리가 부드러워진다.

바른 자세로 서서 자세를 최대한 낮추면서 먼저 왼발을 최대한 앞으로 멀리 내놓는다. 그 상태에서 오른발 뒤꿈치가 들릴 정도가 될 때까지 앞발(왼발)을 한번 더 힘껏 내민 다음 바닥에 내려놓는다. 앞발을 한번 더 내밀 때는 마치 진흙 밭을 밀고 들어가듯이 하는데, 그 길이는 자신의 발바닥 사이즈 정도이다. 다음 오른발을 앞으로 최대한 내민 다음 왼발 뒤꿈치가 들릴 정도가 될 때까지 한번 더 내밀고 바닥에 내려놓는다. 뒷발이 앞으로 이동할 때에는 발바닥이 바닥을 향하여 발바닥 전체가 지면과 수평이 된 상태로 이동해야 한다. 뒤에서 다른 사람이 보았을 때 발바닥이 보이면 안 된다.

이 보법은 직선상에서 하다가 원주를 돌면서 연습(주권)한다. 조깅이나 산책할 때 가볍게 할 수 있는 공법이다.

태극권은 이치에 맞게 하지 않으면 단순 체육활동이 될 뿐 태극권이 아니다. 절을 할 때에도 바르게 하지 않으면 절하는 선수만 될 뿐이며 오히려 절하는 동안 잡념만 더 하게 된다. 원리에 맞는 정확한 자세가 매우 중요하다. 순서를 익혀 많이 배우는 것이 중요한 것이 아니다. 간단하거나 단순한 동작이라도 이치에 맞게 꾸준히 하면 큰 공력을 얻을 수 있다. 태극권을 처음 하는 사람이 동작을 쉽게 한다면 어딘가 잘못하고 있는 경우가 대부분이다. 10년 이상 수련한 사람도 한 동작을 취할 때 자세의 방향을 약간만 틀거나, 낮추거나, 시간을 늘린다면 상황은 완전히 달라진다. 금방 숨소리가 거칠어지고 구슬땀이 비 오듯 쏟아진다. 태극권은 바르게 해야 하며 힘들게 해야 효과가 나타난다.

또한 태극권은 청소년이 하면 성인보다 더 빠르게 배울 수 있고 효과가 더 크다. 태극권을 통해 자신과 깊은 소통을 할 수가 있다. 부모가 자녀들을 교육시킬 때에도 태극권을 활용하면 매우 효과적이다. 위의 간단한 동작을 통해서도 인내심을 키워주고 잘못된 습성을 바로 잡아줄 수 있다.

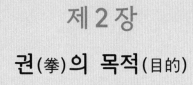

제 2 장

권(拳)의 목적(目的)

권은 몸과 마음으로 깨우치는 도다.
권은 하나를 이루어 내경을 체득하는 비법이다.
권법의 목표는 진리를 얻으려는 수행자가 추구하는 목표와 같다.
권을 연마하면 병고에서 벗어날 수 있다.

권(拳)의 목표는 실상(實相) 체득이다

권법(拳法)의 목표는 진리를 얻으려는 수행자가 추구하는 목표와 같다. 또한 도달하고자 하는 바 그 경지는 수행을 통해 체득하려는 경지와 일치한다. 권을 권하는 이유와 뜻이 바로 여기에 있다.

권법은 자연의 흐름에 바탕을 두고 있다. 여기에서 말하는 자연이란 사물의 속성을 말하는 것이며 더 나아가 실상(實相) 그 자체를 일컬음이다. 오감으로 알 수 있는 삼라만상을 말함이 아니다. 동양사상에서 자연이란 사물의 이(理)와 인간의 본성을 뜻하며, 나아가서는 궁극적인 실상의 작용을 의미한다.

즉, 태극권은 수많은 수행자들이 그토록 갈구하고 궁극적인 목표로 삼는 '실상의 경지'를 체득하여 활용할 수 있는 권법이기도 하다. 불가의 가르침 중에 다음과 같은 말이 있는바 권의 목표로 삼을 만하다.

"무량의자(無量義者)는 종일법생(從一法生)하며, 기일법자(其一法者)는 즉무상야(卽無相也)라. 여시무상(如是無相)은 무상불상(無相不相)이며, 불상무상(不相無相)이 명위실상(名爲實相)이니라."

"무량의는 하나의 법을 좇아 일어나며, 그 하나의 법은 곧 모양 없음이라. 이 모양 없음은 모양이 없고 모양도 아니니, 모양이 아니고 모양이 없음을 일러 바로 실상이라 하느니라."

태극권은 몸과 마음으로 깨우치는 도이다. 이것이 태극권에 대한 가장 타당한 정의이다. 태극권은 우주를 움직이고 표현하는 몸과 마음의 동작이다. 우주와 자연, 그리고 삼라만상과 나 자신이 합일되게 하는 몸과 마음의 동작이다. 삼라만상 물아일체를 체득하는 비법이다.

태극권은 많은 수행인들이 중요시 여기는 호흡법 중에서도 매우 뛰어난 호흡법이라고 할 수 있다. 태극권을 하면 자연호흡이 이뤄지기 때문이다. 태극권을 바르게 하면 불교 수행의 아나바나사티와 위파사나를 체득하여 큰 지혜를 얻을 수 있다.

불교에서는 선(禪)을 닦는 것과 지혜를 닦는 두 지류가 있다. 선나(禪那)는 선수행이라 일컬어지는데 선은 마음을 자제하고 통제하여 선정에 머무는 것이고, 위파사나는 수행을 하여 지혜를 얻는 방법이다. 태극권은 이러한 양측의 이점을 다 얻어서 선정과 지혜를 두루 갖출 수 있는 비법이다.

태극권을 익히면 날카로운 지혜와 섬세한 통찰력을 동시에 갖추게 되므로 사물을 보는 관점이 기존과 달라지며 예지력이 생긴다. 세상의 이치를 알게 되어 자신 있고 당당하게 살아가며, 행복하게 살아갈 수 있는 힘과 지혜를 갖추게 된다.

태극권을 연마하여 완성하면 인간으로 태어나서 살아가는 이유를 알게 된다. 모든 생명체가 존재하는 근본 목적에 대한 성찰이 자연스럽게 이루어져서 일반인들이 잘 알지 못하는 인간 내면적인 문제를 깨닫고, 현재보다 더 나은 생을 향해가는 사람이 된다. 이른바 영혼을 구제하기도 한다.

태극권을 꾸준히 연마하면 생활고와 병고에서 벗어날 수 있다. 마음이 참된 본심에 부합되므로 삶 자체가 순리에 따르게 되어 매일 기적적인 삶이 이어지고, 행복하고 가치 있는 삶으로 변화되어 간다. 태극권은 선천성 고혈압, 알레르기, 아토피피부염, 위장병 등 수많은 고질병들을 바로 잡는다. 태극권을 한다고 늙어 죽지 않는 것은 아니나 몸이 자연체로 바뀌므로 늙어 죽더라도 일반인들이 겪는 고통에서 벗어날 수 있다.

'태극권은 하나(道)를 이루어 내경(內勁)을 체득하는 비법이다.'

모든 사물은 하나를 이루어 마침에 이르게 되는데, 사람은 하나를 이뤄서 명(明)을 이루고 가장 신령스러워진다고 하였다. 신령스럽다는 것은 완성된 상태를 말함이다.

부디 목적을 바로하고 태극권을 통해 신령스러움을 체득하기 바란다. 진리를 갈구하고 탐구하여 보다 나은 가치관을 얻고 깊은 사람이나 자기 분야에서 가장 우수한 전문가가 되고 싶은 사람, 그리고 세상에서 뛰어난 지혜를 갖추어 가치 있는 일을 해보고 싶은 사람이라면 반드시 태극권 수련을 해보기 바란다. 큰 도움이 될 것이다.

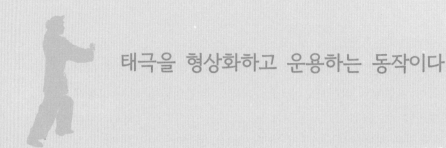

태극을 형상화하고 운용하는 동작이다

태극이란 말이 처음 보인 것은 주(周)나라 때의 역경(易經)에서 이다. 역경은 태극이 우주를 구성하는 음과 양의 이원기(二元氣)의 근본을 의미하는 것으로 설명하고 있다. 훗날 주돈의 태극설에서는 음과 양의 두 가지 기운이 합일(合一)되거나 혹은 떨어지는 작용을 되풀이하면서 우주만물이 태어나고 발전해 나가는 과정을 설명하고 있다.

태극은 본래부터 있었던 것이고 어디에나 다 존재하는 자연현상이다. 태극은 하늘에도 있고 땅에도 있다. 집안에도 존재하고 집 밖에도 존재한다. 동물에도 존재하고 식물에도 존재한다. 생명체나 무생명체를 불문하고 이 세상 모든 곳에 다 있다. 사물이 각자 형태를 유지하고 있는 것은 태극에 의한 것이다. 우리가 미처 알지 못하고 경험하지 못한 형용할 수 없는 태극의 현상들이 도처에 무수히 널려 있다. 자연현상들은 크든 작든 싫든 좋든 모두 다 태극의 작용이라고 보면 틀림없다.

이와 같이 사물이 형태를 유지함은 태극이 존재하기 때문인데, 태극에는 반드시 음과 양이 있다. 물질이 형태를 이루고 속성을 유지하려면 음이 45%, 양이 55%를 차지하고 있어야 한다. 그래야 우리가 사과다 배다 판단할 수 있으며, 집이나 자동차, 옷, 신발 등 물질들을 감지하고 판단할 수 있는 것이다.

사물이 속성을 유지하고 형태를 갖추기 위해서는 일정한 에너지가 있어야 하는데 이것이 양(陽)이다. 그런데 양은 음(陰)이 없으면 움직이지 못한다. 또한 음은 그 자체로서 움직이지 못하기 때문에 반드시 양을 필요로 한다. 양이든 음이든 어느 한쪽만으로는 존재하지 못한다.

태극을 포함하되 겉으로 보아서 움직임이 없는 상태를 무극(無極)이라고 한다. 도가(道家)에서는 혼돈(混沌)이라고도 표현하는데 이 무극이 작용하는 것을 태극이라 한다. 무극에서 발현되는 태극을 형상화하고 운용하는 동작이 바로 태극권이다.

무극에서 태극이 형상화되는 것은 마치 가을에 땅에 떨어진 씨앗이 봄이 되면 다시 싹트는 것과 같다. 암컷의 난자와 수컷의 정자가 만나서 태동함은 곧 태극이 발동하는 것이다. 새로운 생명체가 태어나는 것 그 자체가 바로 태극의 작용인 것이다. 생명체가 죽고 사라지는 것 또한 태극의 작용이다. 사라지는 것은 사실 또 다른 것이 생겨남을 의미하는 것이기도 하다. 태극을 불교에서는 불성이라고 했고 기독교에서는 성령으로 표현했다고 볼 수 있다. 나의 본성이 무한한 우주의 움직임과 같은 태극의 작용(實相)이라는 묘한 이치를 깨달아서 헛되게 추구하고 생각하는 허상을 버리고 생사윤회의 고통을 벗어나라는 것이다.

태극권의 마지막 동작은 태극이 무극으로 귀원(歸元)하는 작용이다. 진공묘유(眞空妙有) 유생태극(有生太極)이라. 즉, 아무것도 없는 진공의 상태에서 삼라만상과 번뇌망상이 생성되었으니 이를 다시 진공의 상태로 되돌리는 것이다.

옛 성현들은 무(武)를 익혔다

우리나라 사람들은 무(武)를 무식한 것으로 인식하는 경향이 있다. 그러나 무는 깊은 지혜가 없으면 완성하지 못한다. 그럼에도 문(文)과 무(武)를 항상 나누어 보고 있다.

공자는 검을 항상 소지했고 이백도 검의 명인이었다. 예전의 많은 성현들은 검을 몸에서 떼지 않았다. 남을 해치거나 자기 방어를 위한 것이 아니라 검을 보면서 자신을 채찍질하고 자신의 잘못을 일도양단할 목적으로 검을 소지했다.

청나라의 건국이념은 무를 숭상하고 역대 황제와 신하들에게 무를 익히게 함으로써 지혜와 건강을 증진하도록 하였다. 또한 황제도 인재를 직접 지도하는 교수로서 무를 통해 인재를 발굴하였다. 중국의 건륭황제는 틈만 나면 권을 수련하여 문무에 통달한 사람이 되었다.

문을 무보다 더 중시하거나 무를 절대로 비하하면 안 된다. 새의 양 날개와 같이 문무가 함께 가야 한다. 사람에게 무가 없으면 용기가 없고 입만 살아서 실천과 실행이 없는 사람이 된다. 이러한 사람은 한쪽 날개뿐인 새가 날 수 없는 것과 같이 자칫 비굴하고 비열한 인생을 살게 된다. 문무란 음양과 같이 서로가 동시에 보완하고 이끌어야 완벽하게 되는 것이다.

사람이 고질병을 갖고 있다면 잘못된 생각을 갖고 있는 부분이 있다고 볼 수 있다. 그 사람은 스스로 생활습관과 사고방식을 정도(正道)에 맞추려는 노력을 해야 병을 극복할 수 있다. 병고에 지는 사람은 곧 폐인이다. 외적으로는 건강한 사람일지라도 올바른 생각을 갖고 있지 못하면 병에 든 것이나 다름없다. 반면 몸이 불편한 사람일지라도 올바른 사고를 갖고 있다면 건강한 사람이라고 할 수 있다.

태극권 수련은 질병을 완화시킨다. 태극권을 바르게 해서 공을 쌓고 태극을 형성하면 모든 질병을 극복할 수 있다. 당연히 생각도 바르게 된다. 그 사람의 생이 업그레이드됨을 의미하는 것이다. 세상에는 공짜가 없으며 인생은 노력한 만큼 얻어진다. 부단히 노력하면 반드시 좋은 결과가 오게 되어 있다.

문무를 겸비하여 지혜가 있는 사람들이 각계각층에서 많이 나와야 한다. 문무를 겸비하면 개인으로서는 건강과 행복이 충만하고 이웃 간에는 서로 이해하고 포용함으로써 너그러운 사회가 될 것이니 이보다 더 좋은 일이 어디 있겠는가.

고수가 되려면 하심(下心)하라

    태극권은 자신을 가장 낮춘 하심(下心)의 상태에서 시작해야 한다. 지극한 정성과 겸손한 마음, 그리고 순(順)하는 마음자세로 임해야 고수가 될 수 있다. 욕심으로 태극권을 하면 절대로 이루지 못한다. 권의 수련은 깊은 사색을 바탕으로 해야 하며, 그 사색이 정점에 이르러야 발전이 있고 공력이 쌓인다.

    사색은 자기중심적 이기심에서 출발한 소인배의 사고가 아닌 대아(大我)의 관점에서 출발해야 한다. 태극권을 제대로 배우려면 동양의 철학과 사상이 바탕이 되어 있는 올바른 마음가짐이 선행돼야 한다.

    태극권을 잘하려면 음양오행을 잘 이해하고 예절에 밝아야 한다. 인의예지신이 몸에 배어 있는 사람은 권을 하기에 가장 좋은 체(體)를 갖췄다고 볼 수 있다. 다섯 가지 덕목을 깆추지 못하고 음양오행을 모르는 소위 합리적 사고에 젖어 있는 사람들은 권을 접해도 발전이 없거나 더디다.

    현대사회는 서양사상이 일반 사람들의 사고를 크게 지배하고 있다. 그러나 아무리 시대가 변하고 사상이 혼탁해져서 진리 차원의 말과 이치가 수긍되지 않는다 하더라도 자연의 근본 속성과 이치는 변하지 않는 것임을 알아야 한다. 음양사상이나 인의예지신을 모르는 사람은 예전에 10세 전후의 어린이를 대상으로 가르쳤던 소학을 세밀히 읽어볼 필요가 있다.

만약 대학 논어 중용 주역의 사서를 읽고 통달한 뒤에 태극권을 익히면 금방 고수가 될 수 있다. 태극권은 연습을 많이 하고 오랜 세월을 연마했다고 해서 반드시 진전이 있는 것이 아니다. 태극권의 공력은 그 사람의 마음 바탕과 사상에 따라 큰 차이가 있음을 명심해야한다. 올바른 사상과 마음가짐을 바탕으로 하면 얼마 안 가서 성취할수 있는 것이 태극권이다. 그래서 오늘의 하수가 내일의 고수가 되고오늘의 제자가 내일의 스승이 되기도 한다.

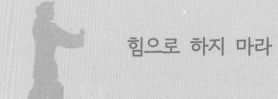

힘으로 하지 마라

태극권을 익힐 때는 힘으로 하지 말고 의식으로 하라는 용의불용력(用意不用力)의 기본원칙을 잊지 말고 의식의 농담(濃淡)이 생기지 않게 해야 한다. 의식이 산만하거나 들쑥날쑥하지 않고 잔잔한 바다의 수평선처럼 유지해야 한다. 힘을 써야 한다면 최소한의 힘만을 써야 한다.

운동을 한다고 해서 모두가 다 몸을 건강하게 하고 손상된 경락을 회복시키는 것은 아니다. 오히려 운동을 하여 경락이 망가지고 몸을 병들게 하는 경우가 있다. 정통 공부에서는 이런 무술을 사권(死拳)이라고 한다. 자신을 죽이는 운동이라는 말이다. 이는 용력(用力)을 사용하는 것. 즉, 억지로 힘을 쓰는 운동을 일컬음이다. 힘으로 하려는 사람은 대개 욕심을 갖고 무엇을 빨리 이루려는 생각을 가진 경우이다. 태극권의 고수는 몸이 가냘프고 몸집이 작아도 태산을 밀어버릴 수 있는 정도의 힘이 나온다. 그 힘은 내공의 힘이지 근육에서 나오는 것이 아니다.

일반 운동을 배울 때에도 힘을 빼고 하라는 말을 들어봤을 것이다. 힘을 빼라고 해서 힘없이 하라는 말은 아니다. 팔과 어깨의 힘은 빼야 하지만 하체는 강해야 한다. 발로 땅을 움켜쥐고 두 다리는 하늘을 버틸 수 있는 단단한 힘이 있어야 한다. 음주와 음행은 기를 소산시키고 하체를 부실하게 하니 수련자는 각별히 주의해야 한다.

권을 하는 사람이 반드시 명심해야 할 것이 또 있다. 권을 수련하는 자는 마음이 반드시 자비에 머물러 있어야 한다. 잠시라도 자비를 떠나게 되면 자칫 아수라계에 떨어져서 큰 화를 면치 못할 것임을 염려하고 경계하는 바이다.

비록 초식을 설명하면서 허리를 꺾는다, 다리를 비튼다, 목을 꺾는다 등의 용어를 사용하지만 수련하는 사람의 마음 바탕에는 자비가 있어야 한다. 그래야 자신의 의식(아뢰야식)을 전부 다 자비심으로 바꿀 수 있다. 자비심을 갖추는 것은 모든 사람들이 궁극적인 인생목표로 삼아야 할 일이므로 절대 망각하지 말기를 바란다.

고전을 틈틈이 읽고 자신을 다스려 군자가 되어야 한다는 것도 잊지 말아야 한다. 소위 군자라고 하면 자기 자신과 가족의 일신에 관한 한 절대원칙을 고수하는 곧음이 있어야 한다. 자신에게 잘못이 있을 때에는 면도날로 베듯이 강해야 하고 남에게는 한없이 자애로워야 한다. 이러한 군자가 아니면 권을 완성할 수 없다는 것을 명심해야 한다.

태극권은 허실(虛實)을 분명(分明)하게 해야 하며, 한 동작 한 동작 철저히 배워서 정확히 하는 것이 중요하다. 대충 배워서 많이 연습을 한들 공력은 늘지 않고 시간만 낭비하게 된다. 태극권에 처음 입문한 사람들은 순서부터 익히려고 하는 데 순서가 중요한 것이 아니라 하나의 동작이라도 제대로 하는 것이 중요하다. 한 동작을 제대로 배워서 바르게 하면 모든 동작을 다 할 수 있고 모든 무술을 금방 다 터득할 수가 있다. 한 동작에 마치겠다는 마음자세로 임해야 한다. 순서를 빨리 익히고 검이나 도 등 여러 가지를 많이 배웠다고 해서 태극권을 잘한다고 생각한다면 오산이다.

정확한 동작을 하는 것은 공력을 담는 그릇을 형성하는 것과 같다.

정확한 동작을 하지 않으면 그릇이 제대로 형성되지 않는다. 그릇을 만듦에는 질과 크기의 차이가 있는데 질이란 나무로 만들 것인지 쇠로 만들 것인지를 말하는 것이다. 또 나무로 만든다 하더라도 여러 종류의 나무 중에서 어떤 나무로 할 것인가를 결정해야 하는 것인데, 단단하고 질기고 신축성 있는 좋은 소재의 결정은 바로 자기 자신이 갖고 있는 정성의 깊이에 달려 있다. 양(크기)의 결정은 마음의 크기와 비례하므로 내 마음대로 크기를 조절할 수 있거늘 이왕이면 온 천하를 다 담을 그릇을 만듦이 어떠하겠는가. 그것도 깨지지 않을 단단한 소재의 그릇으로 말이다.

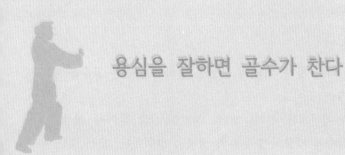

용심을 잘하면 골수가 찬다

　대저 건강이라고 하면 익히 몸의 건강만을 생각하나 몸의 건강 못
지않게 마음의 건강이 중요하다. 마음의 건강이 몸의 건강을 좌우하
기 때문이다. 몸의 각 장기(臟器)와 장기에 연결되어 있는 사지(四肢),
그리고 머리와 몸의 정상적인 활동이 전부 마음씀씀이의 결과이다.
따라서 건강하고 건강하지 못함도 모두 자신의 마음씀씀이(用心) 결
과이다.

　사람은 태어날 때부터 약한 부분을 갖고 태어나기는 하나 부모님
이 만들어 주신 그대로라도 용심을 잘하면 병고 없이 그럭저럭 잘 살
아갈 수 있다. 복잡다단한 세상에서 갖가지 상황에 맞닥뜨려 희노우
사비공경(喜怒憂思悲恐驚), 즉 칠정(七情)의 망행(妄行)으로 인하여 우리
의 마음은 평정을 잃고 사람의 행세를 제대로 하지 못하고 살아갈 때
가 많다. 외물(外物)의 경계에 따라 크게 슬퍼하고 기뻐하면서 울고
웃는 등 마음의 변화를 겪으며, 초조하고 불안하고 놀라고 긴장하여
몸의 기본적인 에너지를 상실하게 된다.

　에너지가 상실되면 피가 마르고 골수가 비게 되어 갖가지 병이 초
래된다. 그 치료법은 드러난 병을 치료하는 것이며 그것이 급선무이
기는 하나 병을 치료한 후에 다시 그 병이 생기지 않게 하는 것도 중
요하다. 이는 전적으로 자신의 마음가짐과 노력에 달려 있다. 용심을

잘하면 골수가 다시 찬다. 따라서 용심을 잘하라는 말은 골수를 채우는 노력을 하라는 뜻이다.

육신의 기본 에너지는 천기(天氣)와 지기(地氣)를 받아서 형성되고 그 에너지가 골수에 저장되어 우리의 생명을 영위한다. 모든 병은 우리 몸의 허하고 약한 틈을 통해 들어오게 되는데, 허하고 약한 틈은 대체로 우리가 마음의 평정을 잃었을 때 생긴다. 일단 말초의 표증(表症)을 없앤다고 하더라도 골수가 비게 되면 다시 그 병소(病所)를 끌어들이는 작용을 하며 병이 도지게 된다. 가장 바람직한 치료법은 몸의 원기를 강성케 하는 것이다.

원기를 강성케 하는 방법을 소위 공부라고 하는데, 마음의 평정을 유지하는 방법으로써 호흡, 요가, 태극권 등이 있다. 사람에 따라 받아들이는 것이 다르므로 어떤 것이 최고라고 단정 지을 수는 없지만 여러 가지 면을 종합해 볼 때 태극권이 가장 좋다.

본래 어떤 것이든 목적을 올바른 데 두고 제대로만 한다면 하나를 이룰 수 있다. 그러나 지도하는 사람이나 지도 받는 사람의 목적이 바르지 못하여 좋은 결과가 나오지 않는 경우가 많다.

예를 들어 단전호흡은 번뇌망상을 제로화하여 완전히 소멸시키는 수행법이다. 그러나 대부분의 사람들은 단전호흡을 하면서 오히려 몸의 기질, 즉 습기(習氣)인 번뇌망상을 너욱 치성하게 일으킨다. 이러한 상태로 단전호흡을 계속하다가 망상이 가슴에 모이면 병증이 생겨서 단전호흡을 하면 할수록 몸이 병들게 된다. 단전호흡은 자신의 몸과 마음을 자기 의지로 통제할 수 있는 사람만이 가능한 수련법이다. 그런데 망상에다가 욕심을 더한 상태로 단전호흡을 하게 되면 잡귀까지 붙어서 심신을 더 망치는 결과를 가져온다. 그 폐해는 심히 크다.

요가도 동작만 한다고 해서 되는 것이 아니다. 우주와 내가 일체가 되어서 해야 한다. 물아일체(物我一體)에 바탕을 두고 하지 않으면 어떤 동작을 하든 몸과 마음이 고장이 나게 되어 있다. 물아일체를 궁극적인 목표로 삼고 도를 추구하는(하나를 얻으려는) 마음으로 하지 않으면 알맹이 없는 행위에 불과하고 자칫 잘못될 수도 있다는 것을 명심해야 한다.

태극권을 수련하여 암이나 이름도 모르는 고질병, 이름은 있으나 현대의학으로는 고칠 수 없는 중병을 앓고 있던 시한부 환자들이 나은 사례는 헤아릴 수 없이 많다. 웬만한 병은 태극권을 하자마자 바로 낫는다. 한 번의 시연으로 세포 조직을 재생시킬 수 있는 위력이 있는 것이 태극권이기도 하다. 미국의 하버드 의과대학에서 척추측만증의 치료 예방법이 태극권이라고 연구결과를 발표한 바 있다. 태극권을 비롯한 내가권은 단전호흡이나 요가 수련이 추구하는 목표를 다 포용하고 있는 것이어서 가장 좋다고 권하는 것이다. 열심히 수련하여 몸의 원기를 강성케 하기 바란다.

상기병은 욕심이 원인이다

　수행자나 단전호흡을 익히는 사람들 중에 상기병으로 고생하는 이가 많다. 방하착(放下着)이니 하심(下心)이니 하여 집착을 버리고 마음을 낮춰야 함을 강조하지만 하심이 되지 않아 상기병에 걸린다.

　화두를 참구하든 호흡을 익히든 간에 식(識: 번뇌망상)에 마음이 따라가면 병이 된다. 의식이나 생각이 위로 올라가기 때문에 상기병에 걸리는 것인데, 상기병에 걸리면 심장이 두근거리고 음식물이 넘어가지 않는다. 눈이 빠질 듯이 아프고 소리가 잘 안 들리며 뒷목이 뻣뻣하고 어지럽거나 머리가 터져나갈 듯 아프기도 한다. 집중력이 떨어져서 책을 볼 수도 없다. 소화가 안 되어 구역질이 나며 기침이 나고 목이 붓고 때로는 상지(上肢)에 마비가 오기도 한다. 수행은 머리로 하는 것이 아닌데도 도를 머리로 찾고 허공에서 찾고 밖에서 찾으니 상기병이 생긴다.

　하심이라 함은 의식을 내린다는 것이다. 의식은 불이므로 의식을 내리는 것은 불기운을 내리는 것이다. 불기운이 내려가면 물기운이 올라간다. 이것을 수승화강(水昇火降)이라고 한다. 경락(經絡)을 기준으로 말하면 정수리의 백회(百會)에서 단전(丹田)으로 내려가는 임맥(任脈)이 화(火)의 맥이고, 회음(會陰)에서 등 뒤의 척추를 따라 머리 뒤를 지나 다시 백회로 올라가는 독맥(督脈)은 수(水)의 맥이다. 이 임맥과 독맥 양맥이 인체의 전후면을 한 바퀴 도는 고리를 형성한다. 화를 내리면 자연히 수는 올라간다. 모든 움직임은 양(陽)이 주도하여 작동시켜야 하는 바, 양은 화이므로 화를 내려야 수가 올라간다. 수를 올려 화를 내리는 것이 아니다.

한의학의 해부학적 관점에서 보면, 심포를 작용시켜 심장의 화를 끌어내려야 상기병이 사라진다. 심장의 화는 생각을 내리면 임맥을 따라 내려온다. 즉, 의식을 내리면 임맥 전면의 경락이 전부 다 아래로 내려간다.

불이 내려가지 못하고 올라가는 것을 역기(逆氣)라고 하는데, 역기가 일정 기간 지속되면 죽는다. 그런데 한 번 오르는 성질이 생기면 그 버릇을 없애기가 매우 힘들다. 역기가 된 사람도 의식 없이 잠을 잘 때에는 기가 제대로 소통된다. 잠자고 있을 때는 기가 제대로 운행되고 잠에서 깨어 의식이 있을 때는 역기가 된다는 것은 수행의 버릇을 잘못 들인 결과라는 것을 명백히 한다. 욕심으로 도를 찾고, 밖에서 찾아 외부로 나가려는 의식 때문이라고 할 수 있다. 공부를 하다가 심신에 병이 생기면 그 병의 치료 방법은 항상 그 공부 자체에 있다. 치료 방법을 모른다면 공부가 그만큼 안 된 것이다.

모름지기 수행자가 수도(修道)를 하는 것은 가라앉히는 공부를 하는 것이다. 평소 자신이 앉거나 선 자리의 밑바닥을 뚫고 들어가듯 자세를 최대한 낮추는 마음자세를 가져야 한다. 수도라고 하면 세간의 시시비비 따위를 가리지 말고 세상사를 초월해서 남이 뭐라고 해도 감수한다는 뜻이 포함되어 있다. 상기병에 걸린 사람은 이를 하지 않고 세속의 명리와 자신의 영달을 찾았거나 자신의 생각만을 고집한 것이다. 도를 이루겠다는 생각도 내가 무엇을 이루어서 나타내 보이겠다는 아상(我相)에서 비롯된 것이다. 만약 나(我)에서 비롯되지 않고 근원을 파고 들어가는 수행을 한다면 상기는 없다.

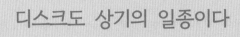

디스크도 상기의 일종이다

　상기병 증세는 비단 수행자들에게만 나타나는 것은 아니다. 일반인들도 상기병으로 고생하기는 마찬가지이다. 사람의 허리 뒤 명문혈에는 잉태될 때부터 숨이 다할 때까지의 천수(天壽)가 담겨져 있다. 명문 앞쪽 부분이 바로 단전이다. 명문혈은 신기(腎氣)를 낭비하면 제일 먼저 무너진다. 신기를 낭비하면 수와 화의 균형이 깨지는데 이것 역시 상기증이다. 원래 이런 상기증은 나이 든 사람에게 많이 나타나는 것이 정상인데 요즘에는 젊은이들뿐 아니라 심지어 어린아이들에게서도 나타난다. 말세라는 말이 절로 나온다.

　정상적인 사람은 명문혈 힘의 강도가 태어나면서부터 계속 증가하다가 사춘기를 지난 약 20세를 전후하여 가장 강하게 솟고, 그 이후 완만한 곡선을 그리면서 서서히 감소한다. 그러다가 힘이 완전히 꺼지는 순간 숨이 떨어진다. 명문의 힘을 그래프로 그리면 올라갔다가 천천히 내려가는 기울어진 봉분형태의 곡선이 정상적인 곡선이다.

　사람의 수명은 명문 힘의 강약에 크게 영향을 받지는 않는다. 그러나 명문의 기력이 떨어지면 살아 있어도 죽은 목숨이나 다를 바 없다. 젊어서 이러한 증상이 나타나는 것은 의식이 산만하거나 무절제한 생활에서 비롯된다. 상기가 심해지면 명문은 더욱 무너져 버린다. 이때에는 무기력한 상태에서 죽음에 이를 수 있다.

신기의 저하가 곧 상기의 결과이다. 허리가 아프거나 디스크 증상 등도 상기의 일종이다. 녹내장, 백내장, 난청도 상기병이다. 알레르기 역시 상기증이다. 꽃가루 알레르기, 먼지바람 알레르기 등 표현도 다양한데, 만약 신장의 기운이 저하되면 노폐물이 밖으로 배출되지 못하고 몸 안에 차게 된다. 이렇게 축적된 노폐물이 꽃가루나 흙바람 등과 반응하면 발진이 되고 기침이 나온다. 따라서 알레르기 증세가 나타나는 것은 자신의 정(精)을 잘 관리하지 못한 탓이라고 볼 수 있다.

인체에서 화(火)의 근본은 수(水)이고 수의 근본은 화이다. 이는 태극의 핵과 같다. 그래서 화는 수 없이는 존재하지 않고 수는 화 없이는 존재하지 못한다. 화의 존재와 움직임은 수가 이끌고 수의 존재와 움직임은 화가 주도한다. 따라서 심화(心火)는 핵이 수이니 수의 기운으로 내려서 수(신장=단전)에 합해야 하며, 이로써 수가 따뜻해져서 독맥을 따라서 수가 상승한다. 이런 이치가 모든 공부의 대원칙이며 무(武)의 원칙이다.

체와 용을 모두 구사한다

권을 공부할 것을 애절하게 권하는 마음을 잘 이해하리라 생각하나 권을 해야 하는 근본 목적을 좀 더 사심 없이 설명하고자 한다.

무릇 대도(大道)라 함은 그 근본(根本)이 자신의 몸을 벗어나지 않는 자연의 가르침을 말함이다. 따라서 우리 몸이 대자연(大自然)이요 대법(大法)이요 곧 진리(眞理)이며 법(法) 그 자체이다.

도가, 유가, 선가, 불가의 큰 가르침 모두 이와 다르지 않으며 여기에서 벗어나지 않는다. 불교 경전 중에 수승한 대승법이라 하면 능엄경과 화엄경을 꼽을 수 있다. 능엄경은 우리의 눈(眼) 귀(耳) 코(鼻) 입(舌) 몸(身)과 뜻(意)의 여섯 감관이 각각 작용하는 바에 따라 섬세하게 설명하면서, 이 여섯 감관이 본 마음에 이어지도록 하고 있다. 이러한 법문으로써 대중들을 깨우치는 가르침이 그 방대한 능엄경의 거의 전부를 이루고 있다.

우리 얼굴의 두 눈과 두 귀, 그리고 두 콧구멍과 입을 향하여 일곱 개의 구멍, 즉 칠문(七門)이 대방광불화엄경(大方廣佛華嚴經) 그 자체이다. 우리의 일상생활 그 자체가 화엄법문이 되는 것이다. 일곱 개의 구멍에다가 대소변을 보는 두 구멍과 배꼽을 향하여 열 개의 구멍, 그리고 손가락 열 개와 발가락 열 개가 세 그룹이 되어 십신(十信) 십주(十住) 십행(十行)이 되는데, 이것이 화엄을 설하는 주요 내용이다. 부처님이 처음 설한 아함경부터 법화경과 열반경에 이르기까지 모두가 여일(如一)하게 이 가르침에서 벗어나지 않고 있다.

태극권은 어떠한가. 우리가 오장육부를 기본으로 하여 머리끝에서 발가락 끝까지 그 어느 곳 하나라도 참된 의식을 바탕으로 하지 않으면 제대로 되는 동작이 있는가? 머리끝부터 발가락 끝까지 세포 하나하나 그리고 땀구멍 하나하나에 모두 참된 의식을 심어주는 수련이 바로 태극권이 아니던가!

그래서 바로 태극권(형의권, 팔괘장 등 내가권 포함)이 대도를 이루는 공부가 되는 것이다. 그 대도는 수승하여서 일반적으로 도가, 유가, 불가, 선가의 가르침을 몸으로 실천해야 이룰 수 있는 것이니, 이러한 태극권을 어찌 하나의 술(skill)로써 대할 것인가.

몸과 마음을 바르게 가져야만 태극권의 이치를 터득하고 완성된 인격체를 이루며 나아가서는 태어나지도 않고 죽지도 않는 경지인 불생불멸(不生不滅)의 도체(道體)를 갖출 수 있다. 이로써 제불성현(諸佛聖賢)과 자리를 나란히 하여 참된 생(生)의 목표를 완성할 수 있다. 이럴진대 어찌 소인배들이 수박 겉핥기식으로 태극권을 정의한 하찮고 잘못된 가르침을 따를 것인가? 마치 똥물로 옥을 닦으려는 것과 같은 것이다.

대도를 수행하는 데 있어서 체(體)를 수행하고 용(用)을 수행해야 완전한 수행이 되는데, 일반적으로 수행이라고 알려진 소위 정적인 수행들은 체를 형성하는 수행을 하는 데에 그치고 있다. 물론 매우 깊은 차원으로 수행함은 제외한다. 그러나 번뇌심으로 하지 않고 법에 합치되는 제대로 된 수행을 하더라도 체만 형성하고 용이 없는 것은 은행에 수백억 수천억 원을 예금하고도 찾아 쓰는 방법을 몰라서 굶어 죽는 것과 같다.

태극권은 체와 용을 동시에 형성하고 구사하는 것을 배우는 것이니 어찌 수승하지 않는가. 이는 태극권에만 국한되지 않고 정통 내가권, 외가권이 모두 그러하다. 완성된 인격을 갖출 때 비로소 참된 권이 완성됨을 명심하여 태극권 및 내외가권을 열심히 배움과 동시에 의식에 변함없이 인격을 갖추는 데 매진하기 바란다.

하늘의 도(道)

하늘의 도는 남는 것을 덜고
부족한 것을 보충한다.

이런고로 허(虛)가 실(實)을 이기고
부족(不足)함이 유여(有餘)함을 이기게 된다.

사람들은 고목처럼 앉아서 생각을 멈추는 것만을
덕(德)을 증진시키는 공(功)이 있는 것으로 안다.

그러나 뛰어난 사람들은 원만히 통달하고
지혜를 견고히 하여
체(體)와 용(用)을 함께 닦는다.

어리석은 이들이 이를 어찌 알리요.

- 古代 中國 少林의 가르침 중에서 -

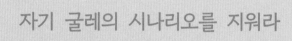

자기 굴레의 시나리오를 지워라

인간은 누구나 세상에 태어날 때 어떤 목적을 갖고 태어난다. 그런데 인간이 모태에 잉태될 때에 차원의 이동과정이 매우 맹렬하기 때문에 태어나면서 자기 인생의 목적을 모두 잊어버린다. 바로 이 목적을 기억해 내는 공부가 수행이다.

어떤 사람들은 전생에 오랜 시간 동안 많은 노력을 들여서 갈구하고 추구하던 목적이 있었음에도 불구하고 생을 바꾸면서 전부 잊어버리고 다시 이 세상에 태어나서는 목적에 역행하는 삶을 살기도 한다. 시기와 질투 이기심으로 가득 찬 삶을 살면서 헛된 욕심을 달성하려고 거짓말과 도둑질 사기 절도 등 온갖 악행을 저질러서 구렁텅이로 깊이 빠져든다. 참으로 한심하고 안타까운 일이다.

어리석은 이들은 자신이 세웠넌 참나운 인생의 목적을 휑하니 잊어버리고 이 세상에서 흔히 말하는 소위 출세에만 급급하여서 오히려 진정한 자기 자신을 망가트린다. 일평생 외물에만 정신이 빠져 살다가 죽음에 이르러 뒤늦게 후회하고 통탄하게 되니 이 어찌 안타깝지 않은가? 가장 크고 근본적인 죄악이 무명(無明)이라는 말을 되새겨 볼 필요가 있다. 자신이 무엇을 잘못하고 있는지 모르는 것이 더 문제라는 것이다.

태극권을 권하는 이유는 사람들이 세세생생 승강부침을 거듭하면서 한 찰나도 쉴 사이 없이 고통과 번뇌 속에서 살고 있는 모습이 안타깝기 때문이다. 사람들은 스스로 만든 굴레에 휘감겨서 고생하다가 하나의 굴레를 빠져나와서는 다시 다른 굴레로 찾아들고, 다시 그 굴레를 빠져나와서는 또다시 다른 굴레로 빠져든다. 그 참담한 고통의 굴레를 하루빨리 벗어나고 나아가서는 인간의 몸을 갖고 있는 금생에 그 굴레의 시나리오(8識=아뢰야식) 자체를 아예 지워 없애는 공부를 완성했으면 하는 마음이 간절하다. 태극권을 수련하는 근본 목적이 바로 여기에 있음을 깊이 이해하였으면 한다.

인간이 자기 굴레의 시나리오를 지우지 못하면 살아도 떳떳한 삶이 아니며, 죽더라도 죽지 못한다. 인간을 비롯한 모든 생명체들은 세세생생 무수한 고통을 받으면서도 죽지 못하기 때문에 그 고통이 중단되지 않는다. 자살한다고 죽는 것이 아니다. 죽으면 자신의 의지와 상관없이 또 태어나는 것이 의식체의 속성이다. 깨끗하고 완벽하게 죽을 수만 있다면 죽음을 축하해 줘도 된다. 그러나 정말로 그런 죽음을 맞이한 사람은 거의 없다. 죽음은 다른 생을 받기 위한 과정일 뿐이다. 그 다음 생이 좋은 생이면 다행이지만 대부분에게는 고통과 불행의 시작일 수 있다.

사람들은 때때로 극심한 고독과 허망함을 느끼고 초조함과 두려움을 겪기도 한다. 그것이 본래 인생의 실체이기 때문에 그것을 바탕으로 자신을 돌아보는 수행을 하면 된다. 그러나 심통을 부리며 사고를 치거나 스트레스를 해결하기 위하여 욕구 해소와 욕심 충족으로 방향을 틀었을 때에는 인생을 허망하게 마칠 수 있다. 돈과 권세와 명예에 탐착하여 세상을 살아가는 이들은 자신이 생각하기에 또는 못난이들이 보기에 잘 사는 것으로 보일지 모르나 죽음에 이르러 또는 죽은 직후에 크게 후회하게 된다. 돈 많고 재주 많은 것이 어떤 이에게는 하늘의 벌일 수도 있다. 인생 전체를 놓고 보았을 때 세끼 밥

먹는 데 전심전력하여 열심히 산 사람보다 퇴보한 경우가 많다.

만약 근본적인 태극의 깨달음을 얻으려면 무한한 인내와 정성, 그리고 깊은 사유를 거쳐서 어디에도 의지하지 않는 지혜와 자연에 순하는 마음을 가져야 한다. 이렇게 해서 과를 얻으면 그것은 세상의 어떤 행복과도 비교될 수가 없다. 무상하고 허망하며 쫓기는 불안정한 삶이 영원불멸의 가치 있는 삶으로 바뀐다.

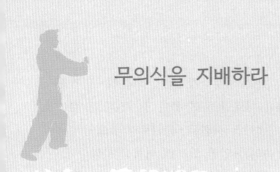

무의식을 지배하라

　우리는 일상에서 의식과 무의식이란 용어를 자주 사용하지만 의식과 무의식이 본래 구분되는 것은 아니다. 어디서부터 의식이고 어디서부터가 무의식이라는 명확한 기준이 있을 수 없다. 굳이 구분한다면, 의식이란 오감에 의하여 감지되고 생각될 수 있는 것이고 무의식은 오감을 초월한 것이다.

　사람들에게는 오랜 세월동안 보고 듣고 느끼는 것 등 오감을 통해 나름대로의 무의식이 형성돼 있다. 그 무의식 속에서 다시 의식화된 생활을 하고 있다. 이 때문에 사람들에게 태극권을 동일한 방법으로 가르쳐도 받아들이고 나타내는 형태가 다 다르다.

　인체에서 무의식의 대표적인 장기가 심장이다. 심장은 우리가 의식적으로 뛰라고 명령해서 뛰는 것이 아니라 그저 박자를 맞춰서 뛰고 있다. 이를 동력으로 삼아 연결된 다른 장기들이 오른쪽으로 또는 왼쪽으로 톱니바퀴 돌듯이 돈다. 신체부위에 따라 빨리 돌기도하고 늦게 돌기도 한다. 순방향으로 도는 교감신경과 역방향으로 도는 부교감신경 등이 있어서 인체 내에 모든 세포들이 음양으로 조화를 맞춘다. 이 같이 심장을 따라 도는 온갖 것들이 무의식계를 형성하고 있는데 이들 모두가 음(陰)의 요인들이다.

　만약 무의식이 속성대로 뻗치는 것을 의식이 눌러 제어하지 않으면 우리 몸은 음의 성질이 더욱 치성하게 되어 결국에는 망가진다. 이를 다시 말하면 '하고 싶은 대로만 하면 몸이 망가진다'는 것이다. 인체만 그런 것이 아니라 가정이든 사회든 국가든 양의 요인이 살아날 때 아름다움을 더한다. 음의 요인만 있으면 더럽고 추악하다.

만일 무의식을 제대로 통제하지 않고 내버려 둔다면 자아를 상실하여 빙의, 즉 귀신이 들게 된다. 의지가 박약하고 의심이 많아서 따지기 좋아하는 사람은 최면에 쉽게 걸린다. 이 역시 무의식의 지배를 받아 자아를 상실했기 때문이다. 의식이 강한 사람은 절대로 최면 따위에 정신을 잃지 않는다. 어떤 경우라도 절대 정신을 잃으면 안 된다.

대부분의 사람들은 '좋다 나쁘다 잘한다 잘못한다'라는 일반적인 사회적 판단기준을 주로 외적으로 드러난 무의식에 둔다. 또한 자기의 잠재된 소질을 개발한다는 것이 사실은 내재되어 있는 무의식을 개발하는 것이 대부분이다. 반드시 통제해야할 무의식을 오히려 개발한다는 것은 근본적으로 잘못된 것이며 절대로 있어서는 안 되는 일이다.

예를 든다면 이러하다. 만약 태극권을 열심히 배우는 이에게 격려 차원에서 권을 잘한다고 칭찬하면 어떤 이는 감사하다는 생각으로 더욱 분발하는가 하면, 어떤 이는 자신이 정말로 잘하는 것으로 착각한다. 이 사람은 후에 태극권 자세를 지적하면서 틀렸나, 잘못한다고 하면 무시하는 것으로 생각하여 분노를 일으킨다. 무의식 속에 잘한다는 착각과 자만이 형성돼 있기 때문이다. 아이들이 장난감을 보면 사달라고 떼를 쓰는 경우가 있다. 부모는 주머니 사정이 좋지 않아 망설이다가도 자녀의 지능이나 인성 계발에 도움이 될 것이라는 생각에 사준다. 그러나 결과적으로는 지능 계발보다는 떼쓰면 사준다는 요령을 무의식에 심어줄 수 있다. 기혼남녀가 배우자와 자식이 있는데 다른 이성과 눈이 맞아서 미쳐 돌아가는 일이 있다. 그들의 외형은 사회적 기준으로 볼 때 정상적인 부분이 많지만 실제로는 무의식의 노예가 되어 자아를 상실한 불쌍한 존재들이다.

과거 큰 성인들은 무의식이 환(幻)이고 공(空)이요 무(無)라는 것을 제자들에게 일깨워 주기 위해 다양한 방법을 구사하였다. 마음이 괴로우니 마음을 편하게 해달라는 이에게는 손바닥을 내밀면서 괴로운 마음을 손바닥 위에 내놓으라고 하여 마음의 실체가 없는 것임을 깨닫게 했다. 어떤 이는 사람들이 진리가 무엇이냐고 물을 때마다 검지 손가락을 들어 보였는데, 이를 수년간 따라 하던 제자가 무의식적으로 손가락을 들어 올릴 때 들어 올린 손가락을 갑자기 칼로 잘라버렸다. 그리고 나서 그 제자에게 진리가 무엇이냐고 묻자 그 와중에도 제자는 무의식적으로 없는 손가락을 들어 올렸다.

자아(自我)와 진아(眞我)를 감싸고 있는 껍데기가 현상을 인식하는 의식과 무의식의 집합체이다. 의식이 무의식을 완전히 제압하여 이 껍데기를 깨면 즉시 참된 자기의 본성을 발견할 수 있다.

잘려진 손가락을 들어 올리듯이 사람들은 무의식적으로 헛된 짓을 많이 하면서 살고 있다. 헛된 짓을 명령하는 무의식은 오히려 참된 본성 위에 눌러앉아서 호시탐탐 이상한 짓거리로 마음을 이끌고 가려 한다. 대부분의 사람들은 자신을 강하게 지키지 못하고 불안한 가운데서 살고 있기 때문에 쉽게 이끌려 간다. 이끌려 가는 곳이 좋은 곳은 거의 없다는 것이 문제이다.

의식으로 무의식을 지배한다는 비슷한 의미의 다른 말은, '마음을 비워라' '내가 없어야 한다' '자신을 낮춰야 한다' '자신을 이겨야 한다' 또는 '진정한 자아를 발견하라'이다. '극기'라고 해도 좋다. 생각을 바꾸라는 것은 무의식에 의지하지 말라는 의미이기도 하다. 사람들은 자신도 모르게 맹목적으로 의식화된 삶을 살고 있다. 그 틀을 깨지 않으면 운명도 바꿀 수 없다.

무의식은 매우 단순해서 우리가 무의식에 어떤 명령을 내리면 그 명령의 실현 가능성이나 불가능성은 아랑곳하지 않고 무조건 명령을 실현하는 쪽으로 작용한다. 세뇌가 가능한 이유이다. 무의식의 이와 같은 속성은 상식적으로 아주 불가능한 일을 가능케도 한다. 굳은 믿음을 갖고 명령을 내리면 몸이 공중에 뜰 수도 있고 앉은뱅이가 즉시 걸어갈 수도 있다. 불치의 진단을 받은 사람이 기도해서 낫는 것이 바로 이런 이유이다.

의식으로 무의식을 지배한다는 것이 쉬운 일은 아니다. 자신이 의식이라고 생각하는 의식이 사실은 무의식의 집합체일 때가 있으니 이때에는 말 자체도 틀리게 된다. 자신의 의식을 훈련해서 무의식을 지배하려는 노력을 한다고 할 때에 무의식을 의식인 줄로 알고 훈련한다면 시작부터 틀리게 된다.

보통 사람들이 머릿속으로 어떻게 해야겠다 하는 식의 생각은 거의 대부분 무의식에서 나오며 음의 속성이다. 따라서 걸레를 똥물에 헹구는 격이니 자칫 무엇을 하더라도 하면 할수록 더 더러워지고 망가지기만 한다. 그 무의식이 자신의 운명을 좌지우지하는 것이니 어떤 사람은 뒤로 넘어져도 코가 깨지고, 어떤 사람은 저절로 일이 술술 풀린다. 잘되든 못되든 일시적인 것이고 실상이 아니니 그것에 마음의 중심이 흔들리지 말고 자신의 본성을 발견하는 노력을 부지런히 해야 한다.

공부하면 강인한 의지를 갖춘다

우리가 머리로 생각을 한다고 하지만 머리에서는 단지 의식과 무의식이 복합되어 나온 삼차원적 행동양식을 명령할 뿐이다. 흔히 자신도 모르게 툭 튀어나오는 언행이 무의식인 것으로 인식하고 있지만 그것이 과연 의식인지 무의식인지는 알 수 없다. 일반적으로 자율신경은 무의식이고 타율신경은 의식이라고 한다. 틀린 말은 아니지만 자율신경인 장(臟)의 작용이 말초로 나와서 손가락의 움직임을 형성하는 것을 생각해 보라. 말초의 손가락 움직임을 의식으로 한다고 하지만 손가락 움직임의 근본은 무의식계에서 나온 것이다. 장의 작용이 흘러나온 것이다.

의식이 무의식을 지배했건 못했건 자신이 추호의 의심없이 믿으면 믿은 그대로 실현된다. 그러나 자신이 명령을 해놓고도 의식을 믿지 못하고 반신반의하면 되는 일이 없다. 의식이 무의식을 완전히 지배하는 이는 가히 대장부라 할 수 있다. 공부(功夫=쿵푸)는 용심(用心), 즉 마음씀씀이를 배우는 것이다. 현실과 비현실을 전혀 구분하지 않는 단순한 무의식을 완전히 통제하는 것이 공부이다.

태극권에는 무의식을 통제하는 비결이 있다. 태극권은 의(意)로 하는 것이어서 무의식을 제어하지 않으면 절대로 완성되지 않는다. 특히 참립공은 무의식을 지배하는 데 매우 뛰어난 공법이다. 진정한 자신과 적나라하게 발가벗은 채로 대면할 수 있는 수련법이다. 참립공을 통해 진정한 의미의 극기를 이룰 수 있어서 의식이 무의식을 지배하는 데 매우 효과적이다. 또한 참립공은 단전을 강화하여 무한한 양(陽)을 일깨운다. 참립공 자체가 단전호흡이기도 하다. 단전에서는 음의 요인을 전부 양으로 바꾸기 때문에 박약한 의지가 강인하게 된다.

무의식의 제어는 참립공뿐만 아니라 기실 어떤 방법으로도 다 할수 있다. 노래하면서 극기한 것을 득음(得音)했다고 표현한다. 스님이 극기를 하면 득력(得力)했다고 말한다. 붓글씨 쓰는 사람, 그림 그리는 사람 그리고 주먹질하는 사람도 마찬가지이다. 다만 이런 경우는 전체로써 극기하는 것이 아니라 해당되는 부분만 극기한다는 한계가 있다.

오상(五常)을 지키라는 것은 무의식을 지배하고 잘 살라는 의미이다. 인의예지신 오상을 지키는 마음가짐이 의식을 일깨워서 함부로 발동하는 무의식을 제어할 수 있다.

삼계화택(三界火宅=세상의 불타는 집)은 바로 우리 몸에 숨어 있는 무의식을 표현한 것이다. 무의식을 지배하지 못하면 죽을 때 인생을 헛살았음을 알고 크게 후회하게 된다. 우리가 이 세상에 인간으로 태어난 근본 목적이 지금보다 더 나은 존재로 진화하고 발전하기 위함이라면 의식보다도 더 강하게 자리 잡고 있는 무의식을 반드시 극복해야 한다. 홀연히 한 점 먹구름처럼 드리워져 나를 지배하고 있는 무의식을 눈 녹이듯 녹여 소멸시켰을 때 비로소 인생의 매듭이 풀리고 고통과 슬픔의 감옥에서 벗어나게 된다.

신체를 강건케 하여 성품을 바꾼다

남녀가 결혼하여 새 생명의 기운이 형성되면 보름 이내에 혼(魂)이 들어간다. 입태(入胎)를 하는 혼은 대부분 씨앗의 근원인 남자의 조상 중에서 선택되는데 이 혼은 밭의 역할을 하는 여인의 몸과 마음가짐에 따라 결정된다. 즉 어떤 주파수를 골라서 맞출 것인가 하는 것은 순전히 여인의 몫이다.

만약 여인이 음탕한 생각을 많이 갖고 있으면 음탕한 혼이 들어가고 도둑심보의 의식을 갖고 있으면 도둑질할 혼이 들어간다. 반면 여인의 마음이 안정되고 선하면 착하고 진실한 심성을 가진 혼이 들어간다. 이렇듯 사람의 육신과 성품이 형성되고 나아가 집안이 바로 서는 데에는 여자의 역할이 중요하다.

남자도 마찬가지지만 한 남자의 부인으로서 또는 자녀들의 어머니로서의 여자는 특히 마음가짐이 중요하다. 여자는 웃어른을 공경하고 효심이 깊어야 하며, 순종하는 마음자세를 갖고 있어야 한다. 마음에 탐욕과 시기 질투심이 많거나 웃어른과 남편을 경멸하는 마음을 갖고 있으면 자신부터 피폐해지고 주변을 망가트린다. 여자는 집터와 같으므로 마음이 밖으로 치닫고 날뛰면 기둥과 같은 남자의 심기가 흐려져서 하는 일마다 되는 게 없고 자식까지 망치니 자칫 집이 무너지게 된다.

여인의 심신이 안정되기 위해서는 남편이 집안을 잘 돌봐야 한다. 가장인 남자가 안정되지 못하면 음의 핵인 여자는 불안해하며 흔들린다. 남자는 바르고 굳건한 마음을 갖추고 집안의 위신을 지키고 있어야 한다. 남자가 처신을 제대로 하지 못하고 언행이나 심성이 잘못돼 있으면 음핵인 여자가 동(動)하게 되어 기둥이 뿌리째 흔들리니 집안이 망하게 된다.

아기가 여인의 자궁 속에서 형성될 초기에는 눈과 귀, 코 등 각각의 장기가 따로 흩어져 있다가 눈이 점차로 가까이 붙고 귀가 제 위치로 가며 코가 서로 마주 붙어서 사람의 형상을 하고 의식이 생겨나게 된다. 아기의 몸과 마음이 형성되는 시기에는 여인의 생각과 행동이 특히 중요하다.

여인이 이기심이 강하고 화가 가득 차 있으면 아기의 심장이 제대로 형성되지 않는다. 이러한 여인이 낳은 아기는 심장질환을 앓을 가능성이 있으며 심술이 많은 아이로 자라게 된다. 여인의 마음이 안정되지 못하고 탐욕에 젖어 있으면 아기의 간과 위 그리고 신장 등의 장기가 영향을 받게 된다. 이로 인하여 아이는 허약하고 비위가 약하게 되며 자신감이 없게 된다. 이는 부정적인 사고와 비뚤어진 행동의 원인이 된다. 부모의 심신이 건강하고 진실하며 서로 화합하면 아기는 건강하게 태어나서 총명하고 지혜도 많다.

아기가 자라면서 눈과 눈이 붙고 코와 코가 붙으며 가슴과 가슴이 붙는 중간을 임맥(任脈)이라고 한다. 기(氣)는 이 임맥을 따라 흐른다. 기는 등 뒤로는 독맥을 따라 위로 흐르고 그 기운은 머리를 넘어와 다시 임맥을 따라 아래로 내려간다. 만약 기의 흐름이 임맥을 따라 위로 역류하여 상기가 되면 두통이 생기고 머리가 빠지게 된다. 장기도 비정상적으로 작용하여 각종 병고에 시달리게 된다. 임맥과 독맥은 태어날 때는 통하였으나 후천적인 지식과 아집이 쌓이면서 단절

돼 버린다. 이로 인해 음과 양이 합하지 못하고 흩어져서 심신이 병들게 된다.

사람의 육신은 도(道)의 체(體)다. 손톱 발톱 머리카락에 이르기까지 어느 하나 의미 없는 것은 하나도 없다. 지혜는 인내에서 나온다고 할 수 있는데, 인체에서 인내와 지혜의 보고(寶庫)는 신장이다. 신장이 건강해야 강인한 인내심이 유지되고 무한한 지혜를 갖출 수 있다. 어려서 신동이라고 하는 아이들이 성장해 가면서 일반 아이들과 별 다를 바 없이 되는 경우가 있는데, 이 경우는 비정상적인 심포의 일시적 작용 때문이라고 할 수 있다. 신장의 기운이 약하면 심포가 발동하게 되는데 이런 경우 소위 천재라는 이들은 청소년기를 끝으로 의식수준이 멈추어서 더 발전하지 못한다.

대지혜는 우주 및 대자연과 기의 흐름이 순조롭게 이뤄져서 심포가 발동하지 않고 진심이 발현되어야 드러난다. 직감력이나 예지력이 뛰어난 사람은 번뇌망상(심포의 발동)이 적고 의식이 맑다. 신장과 심장이 강건하면 심신이 대자연의 기운과 교류를 원활히 하여 예지력이 좋아진다.

신장은 우주의 기운이 들어오는 통로이며 사람의 수명과도 연관된 명문혈과 연결돼 있다. 만약 신장이 건강하지 못하면 인내심이 없고 번뇌가 치성하게 되어 이기심이 발동하면서 명문혈을 막아버린다. 우주의 무한한 지혜의 빛을 가리는 것이다. 빛이 가려지므로 의식에 어둠이 짙어지니 진리와는 멀어지고 나라는 주체성마저 잃게 된다. 마치 왕실에서 내시가 득세해서 왕권을 훼손하는 것과 같다.

내 안의 부정부패를 통솔하라

심장을 둘러싸고 있는 무형의 에너지인 심포(心包)는 왕실의 내시와 같은 기운인데 심장의 기운이 정상적으로 작용하지 못하면 심포가 점점 더 커진다. 소위 심포가 나빠지는 것이다. 심포가 발동하면음기가 일어나서 근본의 빛을 가려 자아를 훼손하게 된다. 심포가 커지면 독선과 아집 그리고 아만이 점점 더 강해지고 생각이 부정적으로 변하게 되며 비뚤어진 행동을 하게 된다. 왕이 신하와 백성을 통솔하지 못하고 내시가 통솔하게 되니 부정부패가 난무하는 무법천지가 되는 것이다.

심포가 나빠지면 자신만 옳다는 생각에 남의 말을 무시하고 귀담아 듣지 않게 되니 귀가 빨리 노화되어 망가진다. 사람들은 대부분의일을 자기 혼자 다 계산하고 헤아려서 남의 말과 의견을 듣지 않으려하며 어떤 일을 진행할 때도 이미 자기 생각과 자기 방식을 다 결정해 놓고 다른 사람의 의견을 무시하기 일쑤다. 과족부전(寡足不前)이란 말이 있다. 자기 발을 자기가 묶고 앞으로 나아가지 못한다는 말이다.

욕심과 삿된 생각으로 세상을 바라보게 되면 눈이 나빠지는데 간의 경락과 세포에 문제가 생기기 때문이다. 귀는 신장의 작용과 형태가 비슷하여 마음씀씀이에 따라 바로 반응한다. 코가 망가지는 것은 성품이 급한 사람들에게 많다. 유두는 곧 위장이니 유방암에 걸리는 것이 대부분 위장이 나쁜 데서 기인한다. 위장병을 고치면 유방암을 예방하는 데 도움이 된다. 태극권을 마칠 때 두 손을 단중에서 하단으로 내린 다음 양쪽으로 갈라 골반을 따라 아래로 기운을 내리는 동작은 쓸개의 기운을 아래로 쓸어내려서 마음과 사고를 바르게 한다는 의미가 있다.

심장과 폐에 열이 많으면 해소와 천식을 유발하고 편도가 부어오른다. 열이 많다고 무조건 나쁜 것은 아니다. 열은 사람의 생명을 유지하는 에너지이다. 따라서 열을 무조건 내리고 몸을 차게 하면 수명이 단축될 수 있다. 특별한 이유가 없는데 열이 올라 병이 나는 것은 우주의 에너지가 길을 잘못 들어 그런 것이니 그 길만 제대로 잡아주면 된다. 편도가 부으면 아스피린 등의 해열제로 해열시키면 가라앉는다. 자주 붓는다고 잘라버리면 몸의 균형이 깨져서 더 큰 병이 올 수 있다.

어깨에서 손끝에 이르는 팔의 손바닥 안쪽 부분의 경락은 음의 경락이다. 이 경락을 따라 자연의 기운이 몸 안으로 들어오게 된다. 손등쪽 부분의 경락은 양의 경락이며 이 경락을 따라 몸 안의 기가 밖으로 흐른다.

그런데 요즘 사람들 특히 젊은이들은 양의 경락이 매우 훼손돼 있다. 아예 망가진 경우도 있다. 여러 이유가 있겠으나 부모나 당사자가 독한 신약을 많이 먹었거나 음식공해 및 수질과 대기오염 등으로 중금속이 몸속에 축적된 결과일 것이다.

양의 경락이 망가진 이들은 번뇌가 많고 속이 좁아진다. 매사에 부정적인 경향이 많고 양보하는 마음이 없어서 항상 남과 싸워서 이기려고만 들고 자기에게 손해 보는 일은 조금도 하지 않으려 한다. 여러모로 매우 안타까운 일이다.

무상(無常)

일체 유위(有爲)는 전체인 이합집산(離合集散)과
개별인 생장소멸(生長消滅)로 형성되느니
이(離)의 진행과 형성은 생장소멸로 이뤄지고
합집산 또한 그러하다.

개별 개념으로써 생(生)은
전체 개념인 이합집산을 내포하고
생장과 소멸 또한 그러하니
이는 일체유위와 공통된 법칙이라네.
인간 상호간 뿐만 아니라 인간 내면의
생각 생각이 이로써 변화하고
인생의 숙명과 운명이
모두 이로써 변화되어 가니

슬프구나! 무상이여!

여보게들,
옳은 것을 너무 고집 마세나
하나가 전체이고 전체가 하나인 것을.

믿음이 없으면 쉽게 포기한다

심불재언(心不在焉) 마음이 없으면
시이불견(視而不見) 보아도 보이지 않고
청이불문(聽而不聞) 들어도 들리지 않고
식이부지기미(食而不知其味) 음식을 먹어도 그 맛을 모른다.

 마음 바탕에 믿음이 있는 사람은 모든 것을 성취한다. 믿음은 자신의 강한 신념이고 확신이다. 공부를 잘하는 사람은 공부를 못하는 사람보다 기억력이 좋은 이유도 있겠으나 공부를 잘하여 원하는 대학에 가고 우수한 박사가 되는 사람은 그렇지 못한 사람보다 타고난 의지력과 자기 믿음이 강하다고 볼 수 있다.

 태극권에 대하여 자세히 설명하고 동작을 하나하나 가르쳐 줘도 금방 이해하지 못하고 진전이 없다면 머리가 나빠서라기보다 믿음이 부족하기 때문이다. 믿음이 부족한 사람이야말로 근기가 낮은 것이며 아무것도 이루지 못할 사람이다. 매사에 모든 일을 끝까지 이루지 못하고 중도에 그만두니 남을 탓하기보다 자신을 탓할 것이다.

 태극권을 완성하기 위해서는 강한 믿음과 함께 지극히 정성스런 마음이 있어야 한다. 믿음과 정성이 있는 사람은 한 동작 한 동작을 최선을 다해서 한다. 믿음이 없고 산만하거나 매사에 정성이 없는 사람은 하나의 초식을 하는 동안에도 딴생각을 한다. 동작이 제대로 될

리가 없다. 남 보기에 성의 없이 하는 것으로 보인다. 동작 하나를 할 때에는 자신이 할 수 있는 능력만큼만 해서는 안 되고 자신이 할 수 있는 수준 이상으로 해야 한다. 자신이 인내할 수 있는 이상으로 해야 진전이 있고 단 한 번 만에도 완성할 수가 있다.

　대부분의 사람들은 자신의 한계를 정해놓고 그 이상을 하지 않을 뿐만 아니라 자신이 할 수 있는 만큼에서도 항상 모자란 정도의 노력을 한다는 게 문제이다. 자신을 넘어서야 탈바꿈해서 인생이 바뀔 수 있는데 자신의 틀 내에서만 움직이면 자신이라는 우리 안에 갇혀서 더 이상 앞으로 나아가지 못한다. 이런 사람들은 불평 불만도 많다. 좋지 않은 결과에 대해서도 남의 탓만 하는 비굴함을 보인다. 자기 한계를 넘지 못한 사람들이 남의 단점은 잘 보아서 남의 허물을 들춰내고 얘기하기를 좋아한다. 자기 집 불을 끄는 게 더 시급한데 남의 집 불 끄는 얘기를 우선시한다.

　혹 태극권을 수련하는 이나 진리를 추구하는 수행자가 쓰레기 같은 것 하나를 얻고 참된 보물 전체를 잃게 되는 어리석음을 범할까 염려된다. 믿음으로 추구하면 어떤 일이든지 다 이룰 수 있다. 그러나 만약 탐욕으로 추구한다면 추구한 바는 이루어지나 그 대가는 무서운 것이다. 삿된 욕심에 근거한 믿음은 그 사람을 다시는 돌이킬 수 없는 파탄지경에 이르게 한다. 특히 노력은 하지도 않고 얻는 것만을 생각한다면 이런 위험에 빠지기 쉽다. 따라서 탐욕으로 추구한 바는 이루어지지 않게 하는 것이 하늘의 은혜라고 할 수 있다.

　자신의 바른 믿음은 뛰어난 근기라고 할 수 있다. 믿음이 있는 사람은 반드시 도와주는 사람이 나타나게 되어 있다.

　믿음이 강하면 실현 불가능할 것으로 생각되는 것이 현실로 나타난다. 이 세상은 정말로 공평해서 자신이 추구한 만큼 하늘이 돕고, 자신이 노력한 만큼 얻으며, 자신이 보고 듣고 실천한 것만큼 인생이 업그레이드된다.

　도와주려 해도 스스로 일어나려 하지 않는 사람은 구제해 줄 수 없다. 스스로 일어나려고 하지 않는 사람을 도와주면 그 사람을 더 망가지게 한다. 쓰러진 사람은 일으켜주기만 하면 된다. 걷고 뛰는 것은 당사자가 걷고 뛰어야 하며 누구도 대신 걷거나 뛰어줄 수 없다. 걷지 않고 뛰지 않고 도움만 바라는 것은 도둑이나 다를 바 없다. 의식은 몸을 움직여야 깨어나게 되어 있다.

　믿음이 없는 사람들이 삶을 포기하는 것이다. 포기는 자신의 자존심과 욕심만 포기하면 된다. 진정으로 포기를 하면 바로 성인의 경지에 오르게 된다. 부처가 가르친 것의 대부분은 포기하는 법을 가르친 것이다.

　뒤편에 나오는 참립공 수련의 일차적 목표는 완전한 자신의 포기이다. 자신을 포기해야 자세가 바르게 나오고 힘이 들지 않고 고통이 사라진다.

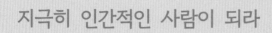

지극히 인간적인 사람이 되라

앞서 언급했듯이 태극권을 잘하려면 기본 바탕이 인간이 되어야 한다. 태극권을 수련하는 목적은 소위 '지극히 인간적인 사람'이 되기 위한 것이다.

인간이란 껍질만 인간의 모습을 한 것을 의미함이 아니다. 마음이 인간으로서 갖춰야 할 것을 갖춰야 한다. 부모님의 아들딸로서 웃어른의 아랫사람으로서 아이들의 어버이로서 또는 남편과 부인으로서 그리고 직장에서는 상사나 부하직원으로서 각자의 처한 환경에 맞는 분수를 지켜야 한다. 이는 명백한 하늘의 도리이다. 이 도리는 하늘이 인간에게 부여한 것이므로 이를 어긴다면 곧 천벌을 내린다.

요즘 세상에는 자기의 분수와 본분을 망각하고 하늘 무서운 줄 모르고 날뛰는 사람들이 많다. 이들은 인간의 탈을 쓴 짐승들이지 인간이 아니다. 사실 짐승보다 못한 인간들이 있다.

'애달프다! 인간의 껍질 속에서 인간의 심성이 사라지는구나.'

가정에서는 연세 드신 부모님을 거스르지 말고 지성껏 모시며, 부부간에도 예의를 갖추고 서로를 신뢰해야 한다. 자식들에게는 엄한 부모로서 교육시키되 자상하고 섬세한 마음으로 자식들의 아픈 곳을 만져주고 가려운 곳을 먼저 알아서 긁어주는 부모가 되어야 한다.

직장에서는 직장을 천직으로 생각하여 회사를 위해 최선을 다하며, 상사의 의견을 잘 따르고 부하직원은 인격으로서 잘 이끌어야 한다. 보수가 적다고 불평하기보다 일을 배우는 데 더 열중하고, 나대는 행동을 자제하고 이룬 공적은 타인에게 돌려줄 줄도 알아야 한다.

사회에서는 자신보다 나이든 사람을 부모와 형제같이 여겨서 거스르지 않게 조심하고, 자신이 잘못한 점은 바로 시인하고 고쳐야 한다. 나이 어린 사람들에게 모범을 보이려는 노력을 하며, 아랫사람 잘못은 너그럽게 대하여 바로잡도록 유도한다. 또한 늘 베푸는 마음 자세로 살아야 한다. 남의 대접을 받으려고 하지 말고 남을 먼저 대접하고, 힘들고 어려운 일도 자신이 먼저 하려는 자세가 필요하다. 그것이 서로 화합하는 데 도움이 될 뿐만 아니라 반드시 그 대가가 어떤 형태로든 그에게 되돌아갈 것이다.

천명을 거역치 않고 사는 사람은 건강과 행복이 절로 찾아오고 주변환경이 더욱 밝아진다. 자신의 가족, 아들 딸 손자 손녀들은 하는 일마다 하늘이 도와서 순조롭게 이뤄져서 행복을 누리게 될 것이다. 삶이 도에 합치된 생활을 하는 사람은 천지신명이 그와 함께한다. 모든 호법선신이 그 사람 곁에서 떠나지 않고 그를 도와서 인격을 완성시키며 나아가 완전체로 이끌 것이니 이보다 더한 광명이 어디 있겠는가.

사람은 모름지기 인의예지신의 기본적인 성품을 갖춰야 한다. 그러나 기성세대 중에서도 다섯 가지 기본 품격이 무엇인지 모르는 사람들이 많다. 어른도 모르는데 하물며 그 밑의 세대들이 어떻게 배우고 따르겠는가.

인간은 만물의 영장이며 만물의 속성을 갖고 있다. 따라서 인간은 만물을 포함하므로 만물은 곧 인간이라고 해도 과언이 아니다. 이러

한 인간이 고매한 인격을 형성하면 만물, 즉 세상이 얼마나 평화로워
지겠는가.

인간이 소우주이며 내가 곧 하나(眞空) 그 자체임을 깨달아 진정한
자아를 바탕으로 참다운 행복을 두루 갖추기 바란다.

절은 자신의 내면을 강화한다

권을 하는 수련자 상호간에 합장하는 예의를 갖추도록 권고하고 있는데 이에 대하여 설명하고자 한다. 합장하고 절하는 것은 본래 종교의식이 아니다. 합장은 마음을 모은다는 의미로써 특정 종교의 양식과는 아무런 상관이 없다. 모든 공부의 기본은 마음을 모으는 데서 비롯된다. 공부란 본래 마음을 다스리는 마인드콘트롤(用心)을 말하는 것인데 이것의 첫 단계가 바로 합장이다.

합장은 여러 가지로 설명되나 태극권에서는 자연과 우주의 기운을 한 곳에 모아 정화시킨다는 의미로 정하고 있다. 마음을 합하고 합한 이 마음을 다시 우주와 합하는 것이다. 이렇게 마음을 가지런히 함으로써 마음의 티끌을 없앤 다음 경건히 한다는 뜻이 담겨 있다.

인체의 작용으로 보면 양손의 노궁이 합치게 되는 것인데 이는 곧 오행음양을 합하는 것이다. 오행에도 음양으로 나뉘어진 오행이 있는데 이 오행이 합해져서 '나'라는 우주를 완성시킨다. 두 손을 모아 손가락이 위로 향하게 한 채 하늘로 쭉 펴면 온 우주를 포용하게 되어서 손의 노궁으로는 천기, 발의 용천으로는 지기를 흡입하게 된다.

특히 팔이나 손 바깥 부분은 긍정적 사고를 일으키는 수삼양이라고 하는 경락들이 흐르고 있는데 이것이 천기를 받아들인다. 손바닥 안쪽을 거쳐 팔의 연한 부분을 통해 천기를 몸속으로 저장하는 역할을 한다. 이때 다리에서 올라온 지기에도 오행이 있고 음양이 있는데 손을 통해 들어온 천기가 발을 통해 올라온 지기와 서로 합하게 된다. 마음으로 합장하여 이러한 작용이 잘 이뤄지면 매우 큰 치료효과를 나타낸다.

합장만 해도 낫는 병이 많다. 모든 신경계통과 관절계통까지도 합장을 하면 부드러워진다. 양식태극권에서 공을 안은 자세는 양손의 노궁과 노궁이 마주보게 하는 것이며, 송정참립공 자세에서도 허리에 갖다 댄 양손은 노궁이 서로를 비추고 있어야 한다. 양노궁의 기운이 서로 소통되면서 호흡과 어우러지면 전신에 강한 기운이 흐르게 된다. 이러한 작용에 의해 질병이 완화되며, 이렇게 마음을 모으면 이뤄지지 않을 것이 없다.

합장하여 반배할 때는 반듯하게 서서 가슴을 펴고 양손과 손가락을 모아 합장을 하여 중단전에 머물게 한 뒤 상체를 15도 정도 숙여 약 3초간 머물러 반배한다. 이때 양손은 중단전에서 벗어나지 않도록 하며 손가락과 손의 모양이 흐트러져서는 안 된다. 손가락은 그대로 두고 몸의 움직임에 따라 자연스럽게 움직이게 해야 한다. 손의 방향이 앞으로 향하거나 아래로 향하면 안 된다. 자칫 상대방을 경시하는 모습으로 비춰질 수 있다.

자신의 깊은 내면에서 참된 본성을 이끌어내려는 사람은 반드시 진심으로 상대방을 존중하고 배려하는 자세가 돼 있어야 한다. 태극권은 자신이 잘났다고 하는 생각을 없애는 것에서부터 시작해야 한다. 자신이 잘났다는 생각이 자신감이나 용기를 갖는 데 긍정적인 부분이 있지만 다툼을 일으키고, 한편 사고와 질병을 유발하는 원인이기도 하다.

자신이 잘났다는 생각을 버리라고 하면 이렇게 말하는 이가 있다. 집안이 가난하여 배운 것도 없는데 잘났다고 내세울 게 뭐가 있나.

그러나 잘났다는 생각은 태어난 뒤에 쌓인 후천적인 의식이 아니라 이미 태어날 때부터 갖고 나온 의식이다. 후천적으로 쌓인 의식은 경험과 교육에 의해 생긴 일부일 뿐이며 실제 대부분의 의식은 태어날 때 갖고 나온다.

절이 심신의 건강에 좋다는 것은 널리 알려져 있다. 허리디스크가 걸린 사람이 절을 해서 나았고, 상기증세도 절을 해서 효과를 본 경우가 많다. 그러나 절을 하는 사람은 많지만 절을 제대로 하는 사람은 별로 없다. 절을 할 때에는 상체가 앞뒤 좌우로 흔들리면 안 된다. 자세를 수직으로 꼿꼿이 하여 백회와 회음이 일직선인 상태로 유지하고, 일직선 상태 그대로 자세를 낮추면서 무릎을 꿇는다. 무릎이 바닥에 닿으면 왼손은 가슴에 그대로 두고, 엎드렸을 때 양쪽 귀가 위치할 장소에 오른손을 두고 이어서 왼손을 놓은 다음 이마가 땅에 닿도록 엎드린다. 일어날 때는 역순으로 한다. 호흡에 맞춰서 하면 더욱 좋다. 천천히 한 호흡에 한번 절을 한다. 약 10초에 한번 하는 것이 좋다. 쉬었다 하는 것은 의미가 없다. 108배나 1080배를 멈추지 말고 이어서 해야 한다.

절은 태극권을 완성하는 데 도움이 된다. 절은 하심(下心)하는 좋은 방법이며, 자신의 내면을 강화하는 매우 뛰어난 수련법이다. 권을 할 때도 마찬가지지만 절은 한 번 엎드렸다가 일어서면서 바로 진리를 깨달을 수 있어야 한다. 그만큼 지극정성으로 해야 한다는 뜻이다. 지극정성으로 해야 일념이 된다.

착한 사람은 본래
착한 사람이 되는 것이다

인성이 바르지 못한 사람에게는 인격적으로 대해줄 수 없으나 인격적으로 대접해 주지 않는다 해도 본래 존귀함은 누구나 똑같다. 다만 생각의 어둡고 악함을 나무랄 뿐이다. 우주 만물은 하나이며, 모든 생명체들은 본래 깨달아 있는 것이어서 다 평등하고 본래 존귀한 존재들이다.

흔히들 깨닫는다(見性)는 말을 하는데 사실은 모든 생명체들이 본래 깨달아 있는 것이어서 깨달을 바가 없다. 어둠은 밝음으로 인해서 사라지나 그 어둠은 본래 없었던 것이므로 사라지는 것이 아닌 것과 같다. 어둠은 실체가 없는 것이어서 그 어둠이 밝음을 만들거나 밝음을 알아채는 것이 아니다. 이와 같이 중생이 불성을 깨닫는다는 것도 맞지 않는다. 가아(중생심)는 본래 실제가 없는 것이어서 소멸되면 진아(眞我)가 드러나는 것이다. 악을 버리면 선이 드러나는 것이지 악한 마음이 선한 마음을 만들거나 악이 선으로 바뀌는 게 아니다. 악은 허상이요 선은 본래 늘 있는 실상이다. 악이 없으면 선도 없다. 선악을 생각하지 말라는 선지식의 말은 바로 이러한 뜻이다.

사람들의 지혜와 인격은 본래 갖춰져 있는 것이므로 어리석음과 탐욕심이 사라지면 저절로 밝게 드러난다. 따라서 어둠이 사라진 본성은 누가 더 우월하고 누가 더 못하다고 말할 수 없다.

인간들이 슬픔과 고통을 겪는 것은 본래 늘 있는 선을 따르지 않고 욕심이 바탕이 되어 악을 추구하고 악을 짓기 때문에 생기는 것이니 자업자득인 것이다. 악은 무지에 의해서 저질러지는 것이 대부분이니 자신을 잘 제어하고 다스리는 것이 필요하다. 자신이 저지른 일들은 우주 어느 곳에도 숨길 데가 없고 그 언행에 대한 응보는 반드시 되돌아온다는 것을 명심하고 살아야 이 세상에서 그나마 현상이라도 유지할 수 있다.

어둠과 악을 제하는 방법에 대하여 특정한 것을 고집할 필요는 없다. 다만 자신에게 맞는 것을 선택하여 꾸준히 행하면 된다. 얼마나 인내심을 갖고 노력하느냐 또는 얼마나 빨리 자기 자신을 버리느냐에 따라 공부의 승부가 판가름 난다.

혹 본래 깨달아 있고 본래 선하니 힘들게 수련할 필요가 없다고 잘못 이해한다면 어리석은 사람이다. 아는 것과 깨달아 체득한 것과는 크게 다르다. 진수성찬과 황금이 도처에 풍부하게 있어도 자기 소유가 아니면 갖지 못하는 것과 같다. 천당이나 극락이 있다는 것만 알아서는 가지 못한다. 문을 열지 못하면 문 앞까지 간 사람이나 못 간 사람이나 차이가 없다. 이와 같이 태극권을 완성하지 못하면 20년을 했든 30년을 했든 소용이 없다. 반드시 뚫어야만 한다. 한편 견성은 수행의 시작에 불과한 것임을 밝혀둔다.

제 3 장

참립공 (站立功)

참립공의 수련은 신체를 건강하고 무병장수하게 한다.
이 기법을 통해 뛰어난 지혜와 비상한 능력을 얻을 수 있으며, 학문이나
예술을 심화시킬 수 있고 마음을 정화시켜 자신의 본성을 발견할 수 있다.

즉시 하나를 얻는다

참립공은 범등기공(凡騰氣功)의 하나이다. 여기서 범등기공을 소개하는 이유는 참립공이 태극권법을 익히기 위한 기초이자 기본이 되는 동작인 데다가 권법의 원리를 터득할 수 있는 매우 중요한 기법이기 때문이다.

범등기공의 범은 한민족 자손을 대표하며 등은 고대동방의 거룡(巨龍)을 뜻한다. 이 범등기공은 넓고 크며 정교하고 깊다. 그 자체가 완전한 체계를 갖고 있다. 범등기공의 수련은 신체를 건강하고 무병장수하게 한다. 또 이 기법을 통해 뛰어난 지혜와 비상한 능력을 얻을 수 있으며, 학문이나 예술을 심화시킬 수 있고 마음을 정화시켜 자신의 본성을 발견할 수 있다.

참립공은 우리나라 고대로부터 전해 내려온 기법이며 2천 년의 역사를 갖고 있다. 이 기법은 불교와 도교의 보신, 의료기법의 정수이다. 참립공은 간단해서 쉽게 배울 수 있고 그 효과도 빨리 나타난다. 암과 난치병을 정복하는 데에도 매우 효과적인 기법이다.

우리의 몸에는 상단전 중단전 하단전이 있다. 권을 완성하여 연정화기(練精化氣) 연기화신(練氣化神) 연신환허(練神還虛)한 후 한걸음 더 나아가 연허합도(練虛合道)하여 실상지(實相智)를 얻게 되면 우리 몸은 전체가 다 단전이 된다. 이 말은 단전이라는 말 자체가 없어진다는 의미이기도 하다.

단전이란 곳은 블랙홀과 같아서 우주의 막대한 에너지를 분출하기도 하고 몸 안의 사기와 병을 모두 흡수하여 소멸시키기도 한다. 단전의 온도는 섭씨 3천도가 넘지만 3차원에 있는 우리 인간들은 체온을 37도로만 느낀다.

단전은 우리가 의식계와 무의식계라는 속박에서 벗어날 수 있는 통로이기도 하다. 갖가지 사고와 질병의 고통에서 벗어날 수 있는 해법을 찾을 수 있다. 우리가 의식계와 무의식계에서 벗어나지 못하면 삶이 늘 불안하고 만족스럽지 못하며, 몸은 살찌거나 쇠약해지면서 게을러지나 마음은 오히려 분주하고 시시때때로 화가 솟구치기도 한다. 이러한 스트레스가 쌓이면 큰 병이 되고 만다. 참립공 수련은 건강한 심신을 유지하여 삶을 더욱 가치 있게 해주고 의식계와 무의식계에서 걸림 없이 자재한 자유인이 되는 길을 열어준다.

참립공은 분노와 증오심을 가라앉히고 욕정과 번뇌망상을 소멸하는 데 효과적인 방법이기도 하다. 각종 질병과 우울증 불면증 등을 없애주고, 상기병으로 호흡을 못하는 사람도 단전호흡의 효과를 얻을 수 있다.

참립공은 청소년의 인성교육에 특히 좋은 공법이다. 학생들의 집중력 향상과 자신감 증진을 통한 성적 향상에 도움이 된다. 참립공의 참된 수련을 한 청소년은 일탈하지 않는다.

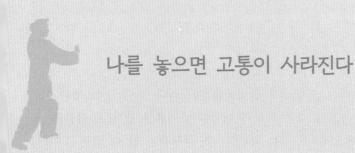

나를 놓으면 고통이 사라진다

참립공 수련은 그 자체로써 완전함을 갖추고 있기 때문에 제대로만 익히면 권의 이치를 다 꿰뚫고 통달할 수 있다.

참립공을 처음 할 때는 힘들고 약간의 고통이 따른다. 허리가 끊어질 듯 아프거나 대퇴부가 쑤신다. 그래도 자세를 바르게 하여 입을 꽉 다문 채 부동의 자세를 유지해야 한다. 참립공은 힘들게 할수록 효과가 빨리 나타난다. 숨이 가빠지더라도 숨소리를 내어서는 안 된다. 그럴수록 자세를 더 낮추어야 한다. 참립공을 처음 할 때에는 힘이 들어서 중도에 포기하는 사람이 있지만 어느 정도 몸에 익으면 허리의 통증이나 다리 아픈 현상이 없어지고 숨결도 잠잠하고 고르게 된다. 마치 의자에 앉아 있는 것처럼 심신이 편안하고 고요해진다.

사실 통증이라는 것은 내(我)가 있기 때문에 있는 것이고 내가 없으면 통증도 없다. 통증은 마음이 느끼는 것이지 육체가 느끼는 것이 아니기 때문이다. 송장이 통증을 모르듯이 육체 자체로는 통증을 느끼지 않는다. 의식과 무의식을 통제하고 지배하지 못했기 때문에 통증이 있는 것이다. 사람마다 주로 쓰는 근육이 있어서 새로운 동작을 하면 처음에는 다 통증을 느끼고 힘들기 마련이다. 다만 일반적으로 똑같이 힘든 동작을 해도 통증을 많이 느끼는 사람과 적게 느끼는 사람의 차이는 의식과 무의식을 통제하고 제어함의 차이가 있는 것이다.

처음 입문하는 사람에게 참립공을 지도하다 보면 병이 있다거나 이곳저곳이 아프기 때문에 하기 힘들다는 이유를 댄다. 참립공은 두 발이 있고 서 있을 수 있는 사람이라면 누구든지 할 수 있는 것이다. 무조건 바른 자세로 해내는 (약 40분간) 것 외에 다른 변명이 필요 없다. 힘들다고 중도에 포기하면 자기에게 지는 것이다. 중도에 포기하는 이유는 단순히 육체적 힘이 드는 이유만은 아니다. 의식이 혼탁한 사람일수록 인내심이 적고 자신과의 싸움에서 쉽게 굴복한다.

분명한 사실은 나라는 생각을 놓으면 통증이 사라지고 힘이 들지 않는다는 것이다. 통증을 견디면 마침내 어느 순간 통증이 없어진다. 그와 같이 나라는 마음을 놓지 않는 이상 고통과 번뇌는 결코 자신을 떠나지 않는다. 그런데 고통과 번뇌가 내가 아니라는 것을 알기만 하면 그 순간 떠나간다. 인생의 행복과 불행, 성공과 실패도 마찬가지 이치이다.

한의학적으로 말하면 다리가 아프고 허리가 아픈 것은 경락이 막혀서 아픈 것이다. 경락을 막은 것은 자기 자신이다. 고서에 이르기를 '통(通)하면 통(痛)하지 않고 통(通)하지 않으면 통(痛)한다'고 하였다.

참립공을 하면서 자세를 낮출 수 있는 데까지 낮춰서 무의식이 지배하지 않는 무아의 세계에 빠져보라. 한 번만이라도 그 세계에 자신을 깊이 담갔다 나와도 그 사람의 인생은 서서히 바뀌어 간다. 낮은 자세에서 힘든 것을 극복하고 호흡을 고르게 하고 마음의 평온을 유지할 수 있다면 그 사람은 앉으나 서나 여럿이 있으나 혼자 있으나 늘 편안한 마음을 이어갈 수 있다. 수시로 요동치는 의식과 화로 가득찬 불안한 심기를 갖고 있는 사람은 말과 행동이 일관성이 없다. 마음이 언제 돌변할지 모르니 그 사람의 행주좌와는 더럽고 추악할 뿐이다.

무릇 수행자가 참립공을 제대로 해보지 않고, 또 그 고통을 견디지 못한다면 수행을 논할 자격이 없다. 그 사람의 속성은 뻔한 것이기 때문에 인간대접을 해줄 수 없다. 마음을 비웠다. 욕심이 없다고 쉽게 말하는 사람에게 참립공을 시켜보면 정말로 마음을 비웠는지 금방 알 수 있다. 아마 10분도 견디지 못하고 욕(慾)으로 가득 찬 속성이 드러날 것이다.

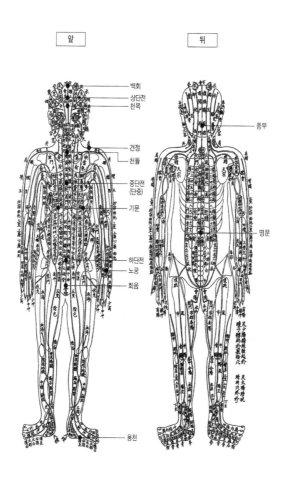

범등기공(凡騰氣功) 일람(一覽)

1. 참립공(站立功)
① 송정참립공(松靜站立功): 쌍수상대(雙手相對)
② 기주음양참립공(氣走陰陽站立功): 쌍수포구(雙手抱球)

2. 흡납술(吸納術)
① 기주음양반지흡납술(氣走陰陽扳指吸納術)
② 각분양안(各分兩岸)

3. 배독법(排毒法)
① 기접금단배독법(氣接金丹排毒法)
② 음양배독법(陰陽排毒法)

4. 십식공법(十式功法)
① 쌍용출해(雙龍出海)　　② 기주간경(氣走肝經)
③ 벽수무파(碧水無派)　　④ 단장차천(單掌遮天)
⑤ 용등호약(龍騰虎躍)　　⑥ 단봉조양(丹鳳朝陽)
⑦ 전도건곤(顚倒乾坤)　　⑧ 음양귀원(陰陽歸元)
⑨ 배산도해(排山倒海)　　⑩ 백기귀원(百氣歸元)
(각 공법은 40분간 반복)

5. 수식(收式)
(각 공법을 마칠 때 공통)

참립공(站立功)

1. 송정참립공(松靜站立功)

송정참립공을 하는 자세는 다음과 같다. 먼저 준비자세 후 두 다리를 어깨너비 만큼 벌린다. 두 발끝을 안쪽으로 약 15도가 되게 한다. 두 팔은 힘을 빼고 아래로 내린다. 천천히 팔을 들어 올렸다 내린 다음 양 허리부분에 갖다 대고 두 손바닥을 마주보게 한다. 두 다리는 40도 이상으로 구부린다. 다만 체질이 약한 사람은 20도 정도 구부리고 회복된 후에 바르게 한다.

머리를 숙여 다리의 구부러진 각도를 보았을 때 두 무릎이 발끝을 넘어가서는 안 된다. 눈은 감고 혀는 위쪽 구개에 가볍게 대어 임독맥이 연결되도록 한다. 두 다리에 힘을 주어 몸을 지탱하고 전신의 힘을 모두 뺀다. 절대로 경직되거나 힘을 주어서는 안 된다.

이 기공의 원리는 참장을 통해 수삼음(手三陰) 수삼양(手三陽) 족삼음(足三陰) 족삼양(足三陽)을 강화시키고 기혈의 운행을 강행하여 임(任) 독(督) 양맥이 유통되게 하며 기경팔맥(奇經八脈)을 대자연과 빈번히 접촉케 하여 몸이 필요로 하는 물질의 흡수를 강화시켜서 병 기운을 몸 밖으로 뿜어내게 한다. 이 방법은 다른 기법에 필수불가결한 중요한 기초기법이다. 송정참립공을 연습한 후 기주음양참립공으로 들어간다.

2. 기주음양참립공(氣走陰陽站立功)

기주음양참립공은 송정참립공의 기초에서 양손을 공을 안은 듯한 자세로 바꾼다. 이때 양노궁이 하단전을 강하게 쏘아 비추는 의식이 있어야 한다. 열 손가락은 서로 마주보게 하되 20센티미터 거리를 둔다. 두 팔은 반원형이 되게 한다. 두 손으로 아랫배 앞을 포옹하듯이 하되 배꼽에서 약 40센티미터의 거리를 둔다.

이 기공의 원리는 기주음양참립공을 통해 수삼양 수삼음을 상호 조절하여 부드럽게 하며 아랫배 단전(丹田)에서 작용하게 한다. 이때 단전의 진기(眞氣)는 강화되고 전신에서 진기 이동망(移動網)이 부드럽게 형성되게 해주며 음이 약하면 양이 보완하고 양이 약하면 음이 보충하는 기능을 발휘하여 음양이 평형을 이루게 한다.

이때 진기의 운행이 병소에 충격을 줌으로써 환부에 통증이 나타날 수도 있으나 걱정할 필요가 없다. 이것은 좋은 현상이다. 또 몸과 양손에 열부종, 냉 등이 나타날 수 있으나 신경 쓸 것이 없다. 이 현상은 연공(練功)을 통해 양손 경락의 기가 서로 통하고 신체 자체의 내력과 내기를 사용하여 자연적으로 전신의 경맥(經脈)을 관통시키고 있다는 것을 뜻한다.

송정참립공

기주음양참립공

흡납술(吸納術)

1. 기주음양반지흡납술(氣走陰陽扳指吸納術)
① 참립공 5분
② 양손을 단전에 포개서 노궁으로 복부의 탁기를 흡수 1분
③ 양손을 좌우로 벌림
④ 엄지를 바깥으로 제쳐 40초, 안쪽으로 하여 40초, 3회 반복
⑤ 둘째 셋째 넷째 다섯째를 각각 바깥으로 제쳐 40초, 안쪽으로 하여 40초
⑥ 양손 단전 5분

2. 각분양안(各分雨岸)
① 참립공 5분
② 양손 단전 1분
③ 양손 백회 1분(노궁으로 흡수)
④ 양손 벌려 손가락을 마주보게 함
⑤ 엄지만 위로 30초 아래로 30초.
   둘째 셋째 넷째 다섯째 손가락도 동일
⑥ 양손 거골로 내려 반지 3회
⑦ 양손 단중 1분
⑧ 양손 단전 1분

1. 기접금단배독법(氣接金丹排毒法)

① 참립공 5분. 이하 9회 반복

② 양손 단전 1분

③ ㄱ. 오른손을 가슴 위치로 뻗어 손바닥이 위로 향하게 함. 손바닥에 금단약이 놓인다고 생각한다. 10초 후 오른손을 거둬들여 왼손 윗부분에 겹침

　ㄴ. 왼손을 가슴 위치로 뻗고 금단을 놓고 10초 후 거둬들여 오른손 윗부분에 겹침

　ㄷ. 오른손 뻗고 금단 놓고 10초 후 왼손에 겹침

　ㄹ. 왼손 뻗고 금단 놓고 10초 후 오른손에 겹침

　ㅁ. 오른손 뻗고 금단 놓고 10초 후 왼손에 겹침

　ㅂ. 왼손 뻗고 금단 놓고 10초 후 오른손에 겹침

　ㅅ. 오른손 뻗고 금단 놓고 10초 후 왼손에 겹침

　ㅇ. 왼손 뻗고 금단 놓고 10초 후 오른손에 겹치되 왼손은 천목을 비춤

　ㅈ. 오른손 뻗고 금단 놓고 10초 후 왼손에 완전히 겹침.
　　 이때 양 노궁은 천목을 비춤. 1분

④ 두 손을 벌려 양 노궁이 마주보게 한 다음 손바닥을 아래로 함
　(이때 용천에서 열이 남)

⑤ 잠시 후 손바닥이 아래인 상태에서 양손으로 원호를 그리며 관원으로 내림

⑥ 손바닥을 위로 뒤집어 10초 후 양손 단전에 포갬

2. 음양배독법(陰陽排毒法)

① 참립공 5분

② 양손 단전 1분

③ 오른손이 기문으로 가서 의념으로 독기를 흡수, 10초 후 꽉 잡고 빗장뼈와 천돌을 지나 팔 안쪽으로 내려와서 내노궁으로 쓸어내며 독기를 배출함. 손바닥을 아래로 하여 10초

④ 오른손이 다시 기문으로 가서 의념으로 독기를 흡수, 10초 후 꽉 잡고 빗장뼈와 천돌을 지나 팔 바깥쪽으로 내려와서 외노궁으로 쓸어내며 독기를 배출함. 손바닥을 아래로 하여 10초

⑤ 양손 단전 1분

⑥ 왼손이 기문으로 가서 의념으로 독기 흡수, 10초 후 꽉 잡고 빗장뼈와 천돌을 지나 팔 안쪽으로 내려와서 내노궁으로 쓸어내며 독기 배출. 손바닥을 아래로 하여 10초

⑦ 왼손이 기문으로 가서 의념으로 독기 흡수, 10초 후 꽉 잡고 빗장뼈와 천돌을 지나 팔 안쪽으로 내려와서 내노궁으로 쓸어내며 독기 배출. 손바닥을 아래로 하여 10초

⑧ 양손 단전 1분

십식공법은 전신의 기경팔맥, 십이정경(十二正經)을 뚫는 데 중요한 작용을 하며 각종 암 및 진단 치료가 어려운 병을 예방하는 중요한 공법이다.

1. 쌍용출해(雙龍出海)

① 참립공 5분

② 양손 단전 1분

③ 양손 기문 1분

④ 양손 포개서 천돌 30초(손 사이에 약간의 간격을 둠)

⑤ 양손 백회 30초 후 천목 천돌 단중을 지나 기문으로 돌아와서 1분

⑥ 양손 뒤집어 앞으로 밀고 40초

⑦ 다시 기문으로 돌아와 1분

⑧ 양손 단전 1분

▨ **공법의 원리**: 단전은 인체 혈기의 총망이다. 이 공법이 양손으로 단전을 감싸 쥐는 것은 두 손은 아궁이가 되고 노궁혈은 불이 되어 치련(治線)하여 단전의 진기를 승화시켜 단전이 중심이 되는 신체 자공장(自供場)을 만드는 것이며 전신의 경락을 부드럽게 하며 영양을 공급한다.

양손으로 단전을 감싸 쥐는 것은 다음에 나오는 모든 식의 공법의 정중득기(靜中得氣)의 기초이며 범등문공법행기(凡騰門功法行氣) 운동(기가 움직이는 운동)으로 신체와 오장육부의 경락을 강화하고 신체를

건장하게 하는 근본을 치료하는 작용을 한다. 쌍용출해에서 기가 보이지 않는 상태로 퍼져 있다가 양 노궁의 내기를 써서 끌어당기며 단중 백회기문 천돌 등을 거쳐 임독 양맥의 순환을 강화시키며 오장육부의 기혈유량(氣血流量)을 증강시킨다. 내기(內氣)가 기혈을 밀어 움직여 막힌 경락에 충격을 줌으로써 체내 신진대사를 증강시키고 병독 및 암세포를 깨끗이 제거하여 몸을 회복시킨다.

2. 기주간경(氣走肝經)

① 참립공 5분
② 양손 단전 1분
③ 오른손 기문에 붙이고 왼손은 단중 30초, 천돌 30초, 천목을 지나 백회 1분, 견정을 지나 단중 30초
④ 양손 기문에서 겹치고 1분
⑤ 양손 단전 5분
⑥ 왼손 기문에 붙이고, 오른손 단중 30초, 천돌 30초, 천목을 지나 백회 1분, 견정을 지나 단중 30초
⑦ 양손 기문에서 겹치고 1분
⑧ 양손 단전 5분

▥ **공법의 원리**: 간은 복부에 위치하고 있으나 중의(中醫) 음양학에서는 간을 혼이 머무는 곳, 피가 저장되는 장소, 근육의 방으로 여기며 특히 간은 기기(氣機)를 소통시키고 혈액을 저장하며 기를 조절하고 혈액을 배치하는 작용을 한다. 범등기공(凡騰氣功)의 기주간경 공법의 주요한 작용은 간 기능을 강화시키고 초기 중기 간암 및 간병에 특수한 치료효과를 갖고 있다. 기주간경공법이 만드는 진기운행은 간(肝)과 간경(肝經)을 돌아 운행하는 것이다. 양손으로 단전을

안고 오른손으로 단전진기를 간쪽으로 끌어당기고 왼손도 마찬가지로 단전진기를 끌어당겨 강기장(強氣場)이 상행(上行)하게 한다. 임독 양맥 경락을 강화하며 다시 삼수양을 거쳐 삼초의 견정, 단중을 왼손과 포개어 진기가 간부에 직접 닿아 병소에 충격을 주게 하여 종양을 부드럽게 하고 간의 기능을 회복시킨다. 기주간경은 간암에 좋은 치료효과가 있다.

3. 벽수무파(碧水無派)
① 참립공 5분
② 양손 단전 1분
③ 양손 백회 1분 후 열 손가락 끝으로 백회를 30초 간 비춤
④ 양손 견정 1분
⑤ 양손 단중 1분
⑥ 양손 기문 1분 후 양손 뒤집어 앞으로 밀고 30초
⑦ 기문으로 돌아와 30초
⑧ 양손 단전 5분

▥ 공법의 원리: 뇌는 인간의 사고 시스템으로서 전신 각 경락시스템을 거느리며 신체의 중요부분이다. 벽수무파공법은 양손의 노궁을 백회, 견정, 양 기문 등 몇 개의 큰 혈을 향하게 하여 뇌신경계통을 충분히 조절시킨다. 기공학 중 백회는 "인체의 오(午)"라고 불린다. 독맥(督脈)에서 인체의 양경(陽經)을 이끌며 연공 중 임맥(任脈)을 통해 전신의 음경(陰經)을 조절할 수 있다. 범등기공에서 백회는 양손의 노궁이 서로 마주 비추는 과정을 통해 양기를 상승시키고 탁기를 낮추는 작용을 하게 한다. 다음에는 노궁이 견정혈을 비춤으로 해서 주위의 견우 견료 거골 등의 혈도 같이 통하게 하며 삼음 삼

양 오장육부를 뚫리게 한다. 마지막에는 쌍기문을 통해 신체 경락의 독기, 탁기를 체외로 배출해 내며 양(陽) 맥순환을 유지시키도록 하며 두뇌를 안정시켜 치료효과를 높인다.

4. 단장차천(單掌遮天)

① 참립공 5분
② 양손 단전 1분
③ 왼손 단중 오른손 천돌 1분
④ 왼손 인중 오른손 천목 1분
⑤ 양손 백회 1분 후 왼손 뒤집어 하늘을 받치고 오른손은 견정에서 1분
⑥ 양손 백회로 돌아와서 오른손 뒤집어 하늘을 받치고 왼손은 견정에서 1분
⑦ 양손 백회 1분
⑧ 양손 단전 5분

▥ 공법의 원리: 임맥은 가슴과 배의 정중앙에서 움직이며 중극(中極), 관원혈(關元血)이 족삼음경(足三陰經)과 만나는 곳, 천돌 용천혈이 음유맥(陰維脈)과 만나는 곳, 음혈이 충맥(衝脈)과 만나는 곳 족삼음경 위에서 수삼음경과 접한다. 임맥은 손발 삼음경의 6개 음경을 모두 통하게 한다. 그러므로 임맥은 '음맥의 바다'라고 불린다. 단장 차천공법은 주로 임맥을 강화시키고 양손으로 진기를 끌어 단중 천돌 인중을 통해 임맥의 경락을 관통시킨 후 천목으로 올라가 임맥의 기를 풀어주며 그리고 나서 양손은 백회로 올라가 전신의 양음의 기를 조절하며 또 단장차천 자세로 우주의 정밀한 물질을 흡수하여 몸을 보충하여 각종 양약음성(陽弱陰盛), 음약양성(陰弱陽盛)의

병을 조절하고 뿌리 뽑으며 백회와 천목의 각 혈도를 더 잘 통하게 하고 최후에는 임맥의 기를 순환시켜 단전으로 돌아가게 한다.

5. 용등호약(龍騰虎躍)

① 참립공 5분

② 양손 단전 1분

③ 오른손 백회 왼손 천돌 1분

④ 오른손 위로 뻗고 1분 후 왼손 앞으로 뻗고 1분

⑤ 양손바닥을 뒤집어서 30초

⑥ 왼손 뒤집어 다시 천돌로 와서 10초 후 오른손 뒤집어 백회로 와서 1분

⑦ 양손 단전에 모아서 5분

⑧ 좌우 바꿔 다시 시행

⋒ 공법의 원리: 독맥(督脈)은 '양맥(陽脈)의 바다'라고 불린다. 독맥은 등의 중앙에서 움직이며 그 맥기는 십이정경(十二正經) 가운데 수삼양, 족삼양의 육조경(六條經)이 서로 만나며 가장 집중된 곳은 대추혈(大椎血)이다.

수, 족삼양경은 이곳의 좌우에서 서로 만난다. 대맥(帶脈)은 이요추(二腰椎)에서 나오며 양유맥 독맥은 풍부(風府)와 아문(啞門)에서 만난다.

용등호약 공법중 노궁은 천돌 백회를 비추면서 앞으로 위로 벌린 후 형성된 흡입력은 다시 출력으로 바뀌어 천돌, 대추, 백회(독맥)에 충격을 주어 독맥과 하단전이 막힘없이 잘 통하게 한다. 이 공법에서 노궁으로 천돌을 비추는 동작은 앞에서 나온 몇 가지 노궁으로 천돌을 비추는 동작과 크게 다르다. 범등기공 각식에서 진기의 발

전이 계단식으로 끊임없이 강화되기 때문에 생기는 효과도 크게 다르다고 말할 수 있다. 이것은 범등기공의 독특한 부분이다. 제1식 쌍용출해는 두 번의 참립식, 두 가지 흡납술, 두 가지 배독법의 수련을 통해 병이 있는 신체를 치유하고 범등기공의 흡형(吸形)의 기초(진기)를 대체적으로 갖추게 한다.

이때의 양 노궁으로 천돌을 비추는 동작은 단전의 기를 천돌로 끌어들여 폐 심장 등 내장을 조절, 신체 회복능력을 가속화시킨다. 용등호약의 노궁으로 천돌을 비추는 동작은 내기의 힘이 작용하는 가운데 노궁진기가 대추혈을 통해 또 밖에서 당기고 안에서 미는 과정을 거쳐 전신의 육조양맥을 조절케 한다. 마지막에 독맥과 단전 사이의 경락을 뚫어 신체의 공력(功刀)을 더욱 강화시킨다.

6. 단봉조양(丹鳳朝陽)

① 참립공 5분

② 양손 단전 1분, 기문 1분, 운문 1분

③ 양손 천돌 1분

④ 양손 백회 30초

⑤ 왼손 견우 1분

⑥ 양손 단중 1분

⑦ 양손 단전 5분

⑧ 좌우 바꿔 다시 시행

▥ 공법의 원리: 폐는 호흡을 관장하며 간은 또 오행(五行) 가운데 피를 저장하는 기능을 가지고 있다. 외부의 강렬한 정서 자극은 특히 노기(怒氣)는 간에 영향을 준다. 간을 상하게 하면 간과 관련된 병리 변화를 일으킬 수 있다.

단봉조양공법은 진기를 통해 간을 강화시킨다. 열 손가락으로 기문을 가리킨 다음 손가락에 있는 기를 천천히 운문혈, 폐부까지 끌어내려 진기가 폐의 각 경락에 가득 차게 하여 간과 폐가 통하게 한다. 다시 진기를 천돌, 백회까지 끌어내어 임맥경락과 독맥경락의 순환 후의 뇌 뒤쪽 양 옆에서 견우혈까지를 강화시킨다. 수소양삼초경(手少陽三焦經), 수태양소장경(手太陽少腸經), 수양명대장경(手陽明大腸經) 순환을 강화시키고 다시 진기를 끌어내어 폐의 순환기능을 통해 마지막에 진기를 끌어 단전으로 돌아오게 한다. 간과 폐 경락이 순환되고 피가 뚫리면 몸이 건강해진다.

7. 전도건곤(顚倒乾坤)

① 참립공 5분
② 양손 단전 1분
③ 단전에서 왼손은 아래 오른손은 위에서 노궁이 마주보게 하여 공을 안은 자세로 1분
④ 양손을 단중으로 올려서 30초
⑤ 왼손은 단중, 오른손은 천돌로 올려 20초
⑥ 양손 그대로 180도 회전하여 백회로 올리고 30초
⑦ 양손 그대로 180도 회전하여 단중으로 내리고 30초
⑧ 공을 안은 자세 그대로 손을 단전으로 내린 후 포개어 5분

▥ 공법의 원리: 건곤에서 건은 머리, 곤은 배를 가리키는데 실제로는 니환(泥丸: 작은 진흙알)과 단전이다.

범등기공 공법 가운데 전도건곤은 양손을 음양으로 나눈다. 남자의 경우 왼손은 양, 오른손은 음, 여자는 오른손은 양, 왼손은 음이다. 이 공법 가운데 양손으로 공을 안는 것은 음양이 전도된 식이며 양

손의 음양 간에 무형의 큰 음양기장이 존재하며 그것이 닿는 어느 경혈에서든 큰 효력을 낳거나 경락을 통하게 하고 막힌 경락을 열어준다. 이렇게 단중 천돌 니환 백회 사이의 경락이 통하여 막힘이 없게 해주며 임독양맥의 기가 일체가 되어 마지막에는 자(紫)로 돌아와 황(黃)을 품고 단전으로 들어와 주천(周天)의 운행에 이르게 된다.

8. 음양귀원(陰陽歸元)

① 참립공 5분
② 양손 단전 1분
③ 양손 천돌 1분
④ 양손 기문 1분
⑤ 오른손이 왼손 내노궁을 쓸며 팔 안쪽을 지나 견우를 거쳐 천돌에서 30초 후 기문으로 내려 1분
⑥ 오른손이 왼손 내노궁을 쓸며 팔 바깥을 지나 견우를 거쳐 천목에서 1분 후 기문으로 내려 1분
⑦ 왼손으로 ⑤와 ⑥을 반복함
⑧ 양손 단전 5분

▥ 공법의 원리: 음양은 중의(中醫)의 인체조직 구조 분류에서 음양은 상체의 외부, 등의 외측이며 음은 하체의 내부, 배의 내측이라고 지적하였다. 음양귀원공법은 이런 원리에 부합한다. 진기는 내기, 내력의 작용하에서 신체의 좌우 팔 안쪽에서 바깥쪽과 천돌(임맥), 천목(독맥), 음양 양면의 기가 정상적으로 순환, 평형을 유지하며 동시에 음양의 기를 단전으로 돌려 온몸의 경락, 음양기가 동시에 조절되게 한다.

9. 배산도해(排山倒海)

① 참립공 5분

② 양손 단전 1분

③ 양손 천돌 1분 후 양손 뒤집어 30초

④ 양손 그대로 백회 위로 뻗고 약간 벌려 손가락이 마주보게 하여 1분

⑤ 양손 단중 1분 후 손을 뒤집어 앞으로 뻗고 벌려 손을 세워 30초

⑥ 양손을 좌우로 벌려 30초 후 기문으로 돌아와 1분

⑦ 양손 거골 1분

⑧ 양손 단전 5분

🖎 **공법의 원리**: 배산도해 공법은 범등기공의 동작을 통해 내기 내력과 체외 기장이 공통 성질의 파동을 만들어내게 한다. 주된 동작에서 양손으로 단전과 천돌을 감싸는 것, 임맥경락을 강화시키고 다시 앞쪽으로 뒤집어 노궁혈이 밖을 향하게 한다. 이 동작은 체내 기장이 공통 성질의 파동을 얻게 한다. 다시 백회로 돌아와 열 손가락을 서로 마주 향하게 한다. 이 동작은 음양의 기가 전환하고 우주의 순수한 음과 양을 흡수하여 자신의 진기를 보충한 후 단중으로 돌아갔다가 기문으로 돌아간다. 이와 동시에 체외 기장을 강화시키며 체내외 진기가 배산도해(산을 밀어치우고 바다를 뒤집어엎다)의 기세처럼 통하게 하며 임맥의 거궐혈을 거쳐 끊임없이 단전으로 되돌아가 내기 내력을 증강시키는 작용을 한다.

10. 백기귀원(百氣歸元)

① 참립공 5분

② 양손 단전 1분

③ 양손 천목 1분 후 양손 좌우로 벌려 노궁이 태양을 비추며 1분
④ 양손 백회 1분, 천목 1분 후 머리를 돌아 풍부혈에서 1분
⑤ 양손 백회 30초
⑥ 양손 천목 30초
⑦ 양손 단중 30초
⑧ 양손 단전 5분
각 공법은 40분간 반복함

▥ **공법의 원리**: 양손으로 천목을 감싸 임독양맥의 순환을 강화한 후 하박과 상박이 90도 직각이 되게 한다. 노궁혈은 양 태양혈로 맞춰 대뇌 기혈이 양성의 순환을 하게 한다. 양손 노궁혈을 백회, 천목, 풍부에 비추어 진기가 순조롭게 대추에서 똑바로 백회로 올라와 니환궁으로 들어가게 한다. 마지막에는 진기를 끌어내어 단전으로 돌아가게 하며 더 나아가 진기를 내보내고 거둬들이는 것이 자유스러운 정도에까지 이르게 된다. 백기귀원의 또 다른 효과는 아주 중요하다. 백회, 천목, 태양 등 혈에 대한 기화작용으로 인체가 병을 찾아내고 투시, 요시 등 특이한 기능을 유발케 한다.

① 병이 있거나 몸이 허약한 사람은 연공 전에 우유, 맥아즙, 로열 젤리 등의 영양식품을 먹는다. 연습을 한 후 수건으로 몸을 닦는다.

② 암환자는 낫기 전에 생선, 게, 새우 등 비린내 나는 음식의 섭취를 금한다.

③ 일반인은 연공 첫 3개월 내에 성생활을 엄격히 금하며 특히 암 및 중환자는 연공 3개월 후에도 성생활을 절제하는 것에 주의해야 한다.

④ 연공 뒤 차가운 물을 마셔서는 안 되며 감기예방에 주의하여 연공효과에 영향이 가지 않도록 한다. 식후 40분 후에 연공을 할 수 있다.

⑤ 연공은 과학적으로 해야 하며 또 훈련과 보양을 결합시켜야 한다. 연공시간은 5분, 10분부터 천천히 늘리며 열흘 후에는 30~40분까지 해도 된다.

⑥ 연공은 열심히 꾸준히 해야 하며 그렇지 않으면 치료효과에 영향을 줄 수 있다. 연공시 양손이 저리고 차갑고 뜨겁고 붓는 등 장기(臟器) 통증이 나타나는데 이것은 좋은 현상이다. 가족들이 환자가 연공하는 것을 격려함으로써 하루 빨리 건강을 회복시킬 수 있다.

⑦ 연공을 해본 적이 있거나 기타 공법을 연습하고 있는 사람도 동시에 범등기공을 할 수 있다. 그러나 시간이 겹치지 않게 해야 한다.

⑧ 연공을 시작할 때 매 방식의 공법을 열흘 간 실시하고 전 공법

을 다 연습한 후 10가지 방식의 공법을 같이 연습할 수 있으며 40분~1시간 동안 10가지 방식을 다 연습할 수 있다.

⑨ 어떤 환자든지 체계적으로 연공을 실시해야 하며 기초를 잘 다진 후 자신의 체질, 병, 상황에 맞는 공법을 선택한다.

⑩ 여성의 경우, 월경기간에 적당한 연습을 할 수 있으나 시간을 너무 길게 해서는 안 된다.

⑪ 임부는 출산 4개월 후부터 연공을 할 수 있다.

⑫ 신체장애자는 속으로 동작을 생각하면서 연공을 할 수 있다.

⑬ 건강한 사람과 환자가 범등공회장 내에서 같이 기공을 배우고 연습하는 데 있어서 서로 간에 좋지 않은 영향은 없다.

⑭ 정신병환자는 병태가 안정되었을 때 연공을 할 수 있다.

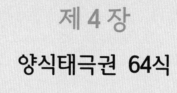

제 4 장

양식태극권 64식

양식태극권은 진식태극권에 비해 동작이 느리고 부드럽다.
일반인들은 속도가 빠르고 강한 것이 위력이 있는 것으로 생각한다.
그러나 느리게 대응하는 양식태극권의 고수에게 함부로 대항하였다가는
큰 화를 당할 수 있다.

마음과 동작을 일치시켜라

태극권의 동작은 기본원칙을 잘 지켜서 해야 한다. 처음 기세(起勢)에서부터 마지막 합태극(合太極)에 이르기까지 반드시 마음과 동작을 일치시켜서 해야 한다. 자세를 낮춰서 일정한 높이를 끝까지 유지하고 백회(百會)와 회음(會陰)이 지면과 수직이 되도록 해야 한다(立身中正)는 것과 이목평시(二目平視: 시선을 수평으로 유지한다)는 입이 닳도록 강조하는 바다. 두 손은 공을 안은 자세를 취하여 양손 노궁에서 서로 기운이 뿜어져 나옴을 느껴야 하며, 그 기운을 첫 동작인 기세에서부터 마지막 동작인 합태극까지 이끌어 연결시켜 나가야 한다.

권을 하는 동안 육합(六合)인 내삼합(內三合: 심(心)과 의(意)의 합, 의(意)와 기(氣)의 합, 기(氣)와 력(力)의 합)과 외삼합(外三合: 수(手)와 족(足)의 합, 주(肘)와 슬(膝)의 합, 견(肩)과 퇴(腿)의 합)을 명심해야 한다. 수안상합(手眼相合)은 이동하는 손끝을 집중해서 본다는 뜻인데, 실제로는 허리를 중심으로 온몸이 움직임으로써 얼굴이 자연스럽게 손끝을 향하여 저절로 바라보게 되는 것이다.

의식과 호흡이 동작을 따르고 합치되면 빠른 속도로 권이 향상될 것이다. 만약 생각을 다른 데 두고 손과 발에 의식이 빠진 채 동작만 따라 한다면 수십 년을 해도 진전이 없을 것이다. 대부분 한 동작 한 초식을 하는 동안에도 여러 생각이 분주히 일어나니 마음은 바쁘고 여유가 없다. 권은 기민하게 하든 느리게 하든 여유가 있어야 한다. 호흡에 맞추기 힘들 때에는 호흡이 동작과 어우러져 자연에 맞게 이루어지도록 해야 한다.

양식태극권은 진식태극권에 비해 동작이 느리고 부드럽다. 이러한 외형만 보고 양식이 진식에 비해 위력이 약할 것이라고 생각하는 이가 있다면 그는 무술에 대해 지극히 모르는 사람이다. 일반인들은 속도가 빠르고 강한 동작의 무술만 위력이 있는 것으로 잘못 아는 경향이 있다. 그러나 무예의 대련이나 격술에서 중요한 근본 원리인 '빠르게 공격하면 느리게 대응한다'는 이치를 조금이라도 안다면 그런 생각을 하지 못할 것이다. 특히 우리나라 사람들은 성격이 급해서 외형적으로 강하고 빠른 것을 능사로 안다. 만약 느리게 대응하는 양식태극권의 고수에게 함부로 대항하였다가는 큰 화를 당할 수 있다.

여기에서 설명하는 양식태극권은 3단(段) 64초식(抄式)으로 구성되어 있으며, 초식 이름 중에는 동물의 성품과 동작을 비유하여 지은 것들이 여럿 있다. 다만 수련자는 문구에 집착해서 참된 의미와 원리를 간과하지 않기를 바란다. 문구는 달을 가리키는 손가락과 같은 것이므로 손가락에 머물지 말고 달을 찾아야 한다.

각 초식에 대한 설명은 기본적인 몸의 동작을 알고 있다는 가정 하에 주로 마음가짐에 중점을 두고 설명한다. 여기에서 동작을 일일이 다 설명할 수는 없다. 상세한 동작은 직접 지도를 받아야 한다. 다만 기본 동작을 모르는 사람이 이 책을 접하더라도 이 책을 통해 태극권의 진의(眞意)를 알게 되면 권을 쉽게 익힐 수 있을 것이다.

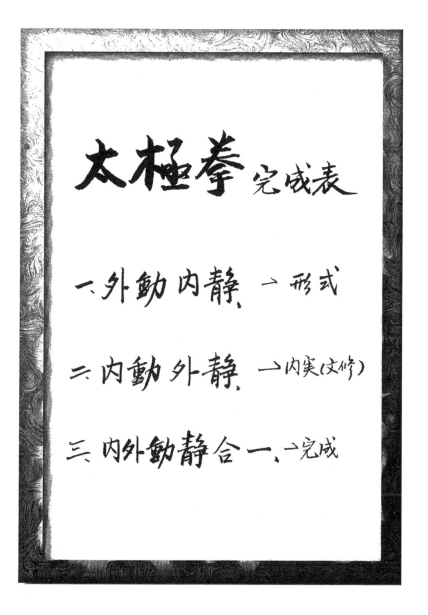

太極拳 完成表

一、外動内静　一 形式

二、内動外静　一内実(文修)

三、内外動静合一、一完成

1. 기세(起勢)

기세란 세(勢)를 일으킨다는 뜻이다. 세란 형상과 힘을 생성시킴을 말한다. 자세를 바르게 하고 가만히 서 있으면 무극의 상태가 된다. 무극(無極)이란 안에서는 태극이 움직이고 있으나 겉으로는 움직이지 않는 것처럼 보이는 상태를 말한다. 기세는 무극의 상태를 음과 양으로 나누어 태극화(太極化)하는 동작이다.

기세는 상체를 바르게 세운 자세에서 왼발을 근보로 하여 어깨너비 만큼 벌린 다음 하기(下氣)하여 기운을 단전에 모았다가 다시 양팔과 사지를 통해 음과 양으로 나누는 것이다. 세(勢)라 함은 형상과 힘을 이끌어내는 것인 바, 음이면 음, 양이면 양을 항상 나타내야 한다. 이로써 태극을 형상화하는 것이다. 본래 태극과 무극은 같은 의미인데 관념상 구분하는 것이다.

기세를 할 때는 상체를 고요히 하고 덜렁거리지 않게 해서 근보로 반보 내디딘다. 상체는 중앙에 머물러야 하며 좌우로 움직이면 안 된다. 혀는 입천장에 갖다 대고 항문은 바짝 오므려야 한다. 상체는 바로 펴고 턱은 당긴다. 이렇게 하여 기세가 끝나면 람작미로 넘어간다.

2. 우람작미(右攬鵲尾)

람작미는 양식과 진식 등 모든 태극권에서 감초와 같이 중요한 기본동작이다. 이 자세는 마치 참새가 꼬리를 흔드는 것과 비슷하다고 하여 붙인 이름이다. 람작미를 할 때는 팔의 움직임을 지극히 부드럽게 하면서 또한 매우 날렵하게 해야 한다. 팔과 몸을 뻣뻣하게 움직이거나 무겁게 하면 안 된다. 람작미는 붕리제안(掤履擠按)의 네 초식으로 이루어져 있다.

'붕(掤)'은 양손 노궁이 약 15센티 간격으로 마주보게 해서 앞으로 내미는 동작이다. 물 위에 뜬 배를 밀듯이 허리와 다리에 힘을 주어야 하고 붕을 시작하여 끝날 때까지 의식의 농담(濃淡)이 동일하도록 하며, 특히 의식이 옅어지지 않도록 주의해야 한다.

'리(履)'는 산처럼 큰, 나 자신이 삼각형 모양의 큰 산의 봉우리 부분을 흩트려 당겨 무너지게 한다는 생각으로 하는 것인데, 이 또한 의식의 농담 없이 해야 하고 당길 때는 허리로 당겨야 한다. 리는 다시 제(擠)와 연결시킨다.

'제(擠)'는 물속에서 무거운 물건을 단중(檀中)에 안고 물표면 위를 미끄러지게 한다는 의식으로 하며, 허리로는 동작을 마무리 지을 때까지 힘을 받쳐준다. 리와 마찬가지로 큰 산을 당겨서 산의 허리를 꺾는 마음으로 당겨야 한다. 제 다음에는 안(按)이 이어 받는다.

'안(按)'은 큰 산을 밀어 눌러 평탄하게 만드는 느낌으로 해야 하는데 이 역시 한결같은 의식의 힘으로 밀어 눌러야 한다.

붕은 상대방의 공격을 차단하거나 빗나가게 하고 동시에 공격하는 자세다. 발은 궁보 자세를 취한다. 이때 궁보는 팔괘장의 구보가 좋다. 양발은 어깨너비나 구보로 하여 공격을 원활히 하도록 해야 한다. 리는 상대의 공격을 흘려버리기도 하고 꺾어버리기도 하는 등 여러 의미가 있다. 붕리나 기세의 상세한 동작을 말로 다 설명하려면 백천만 어휘를 구사해도 모자란다. 오직 스스로 동작을 천번 만번 해 보면서 몸과 마음으로 직접 터득해야 한다. 태극권은 몸과 마음으로 깨달아 통달하는 것이지 말로 이룰 수 있는 것이 아니다. 붕을 잘하면 상대가 절대로 공격을 하지 못한다. 만약 상대가 공격해 들어오면 허리가 꺾이고 몸과 다리가 산산이 부서지게 된다.

리의 공격은 제한된 공간에서라면 공격해 들어오는 상대방이 천장으로 날아갈 것이다. 리는 벽을 무너뜨리고 상대를 벽 속으로 집어넣을 수도 있는 공법이다. 붕과 리는 응용분야가 무수히 많다. 다만 태극권이 무엇인지 모르는 사람에게는 일반적으로 리는 잡아서 내동댕이치는 것이고 붕은 밀어서 내동댕이치는 것으로 이해시키면 된다.

제는 상대의 공격을 흘려버린 다음 팔의 외노궁과 그 바깥쪽으로 상대를 공격하는 동작으로써 아주 예리하고 강력한 공격이다. 하기된 기운을 단전으로 가져와 중초로 이동하여 상대방을 공격해야 한다. 안은 자칫 소홀히 할 수 있는 동작이므로 잘 익혀야 한다.

안은 누른다는 말인데 장의 움직임은 각도가 비슷한 직선의 상태로 전진해야 하며 위에서 누르는 압력이 밑으로 전달되도록 해야 한다.

옆으로 치거나 수직으로 내리누르는 것은 맞지 않다. 안마라고 하면 일반적으로 주무른다는 뜻으로 이해하여서 부드럽게 거죽을 주물러 상내방을 기분 좋게 해주는 것으로 알고 있으나 본뜻은 이와 다르다. 안마는 '상대를 눌러 공격한다'는 의미이다. 중국에 안마권이라는 것이 있는데 안마권의 '마'라는 글자는 천근만근 되는 맷돌로 누르고 갈아버린다는 뜻이다.

람작미는 특히 자세가 높았다 낮았다 하기 쉬운 동작이므로 일정한 높이를 유지하기 위해 각별히 신경을 써야 한다.

이상에서 설명한 기세와 남작미는 태극권의 가장 기본이 되는 매우 중요한 자세이다. 태극권의 달인이라고 자처하면서도 기세와 람작미를 제대로 하지 못하는 사람들이 많다.

무한한 부드러움과 함께 스프링과 같은 유연한 하체의 힘이 없으면 평생 운동을 했다는 사람이라도 이 기세와 람작미 동작이 제대로 안 된다는 것을 유념해야 할 것이다.

3. 좌람작미(左攬鵲尾)

4. 우룡회두(右龍回頭)

우룡회두란 '용이 우측으로 머리를 돌린다'는 뜻이다. 본래 용은 생과 사가 찰나 간에 변화되는 예측불가하고 아주 험난한 바다에서 살아가는 상징적 동물로서 성질이 매우 포악한 것으로 형상화된 짐승이다. 따라서 용회두가 시사하는 것은 '한 번 마음을 먹으면 결과가 반드시 나온다'는 것이다. 용이 머리를 돌리면 결과가 뻔하다는 의미이다. 목적한 바를 반드시 이루고야 만다는 것이 이 동작의 진의(眞意)이다.

따라서 이 자세를 익히면 위축된 마음을 넓히고 자존심을 회복하게 되며 소극적인 마음과 행동을 적극적이고 능동적인 행동으로 바꿀 수 있다. 람작미를 배워서 일상생활에서 화합을 이룬다고 한다면, 용회두는 자존심을 찾는 데 그 의의가 있다. 용희두는 채(採) 열(挒) 주(肘) 고(靠)로 이루어져 있다.

'채(採)'는 물속에서 용이 고요한 물을 뒤집어 크게 소용돌이치는 느낌으로 해야 한다. 동작의 면면함을 생각하고 힘이 허리에서 어깨를 거쳐 팔꿈치와 손목 그리고 손과 손가락으로 흐르도록 배분해야 한다. 팔은 침견추주에 어긋나지 않게 하고 손가락은 자연스럽게 벌어지도록 한다.

'열(挒)'은 채에서 생긴 소용돌이의 기운을 휘몰아서 자신의 앞을 가로막고 있는 산을 쪼개 버리듯이 허리로 밀고 나가는 것이다. 허리를 낮추면서 가슴을 열고, 호흡을 품으면서 명문으로부터 힘을 분출하여 그 힘이 대추를 거쳐 다시 양어깨 삼초경을 통해 외노궁 및 내노궁으로 발출(拔出)하도록 해야 한다.

'주(肘)'는 열에서 발출한 힘을 순간적으로 거둬들여서 단중 앞에서 태극을 형성한 다음 그 힘을 팔꿈치로 이동시키고 다시 허리를 틀어 앞으로 이동하면서 주를 완성시킨다. 앞의 왼 팔꿈치 외에는 상체가 전신송개(轉身送開: 온몸을 풀어서 열리게 함)되게 하며, 반대편 손은 연화상(蓮花掌)을 형성한다.

'고(靠)'는 주의 여세를 그대로 허리로 이어받아 몸집이 거대한 백곰의 내장을 진동 파괴시키듯이 한다. 팔꿈치와 장(掌)으로 여유롭게 백곰을 눕혀서 저승으로 잘 보내고 난 뒤에 고의 마감세로 돌아온다.

채(採)는 움켜쥐고 낚아챈다는 의미이다. 채를 할 때 앞발을 팔괘장의 구보로 유지하면 공력이 배가 된다. 채는 상대의 사지를 찢어버릴 수 있고 명줄을 바로 끊어버릴 수도 있는 권법이다. 이렇듯 강한 힘이 나온다는 것을 분명히 알고 권을 배울 때는 자긍심을 굳건히 갖고 자세 하나하나를 분명하고도 정확하게 배워 익히길 당부한다.

열(挒)이란 상대방의 공격을 차단하면서 동시에 공격하는 동작이다. 주(肘)는 상대의 공격을 받아쳐서 팔꿈치로 상대방의 명치나 가슴팍 등 어떤 곳이라도 공격할 수 있는 동작이다. 이때 반드시 작용과 반작용의 힘을 연속적으로 일으켜서 그 힘으로 상대방을 공격해야 한다. 고(靠)의 작용은 인간탱크라 할 만한 동작이며 따라서 용이 최종 목적을 이루듯이 과감하고 당당하게 해야 한다.

우룡회두의 고 다음에는 좌룡회두의 채로 연결된다. 우룡회두의 고가 끝난 다음 좌룡회두로 방향을 바꾸는 과정에서는 전신이 태극 속에 있도록 한다. 우룡회두에서 배운 대로 바른자세를 취하면 반드시 자신이 거대한 태극이 됨을 자각하게 될 것이다.

5. 좌룡회두(左龍回頭)

좌룡회두는 우룡회두와 같은 요령으로 하면 된다. 다만 좌룡회두는 우룡회두와는 달리 느낌 자체를 가볍게 하고 우룡회두에서 얻은 자신감을 마무리하듯 한다.

좌룡회두의 채는 우룡회두에서 발출된 태극의 에너지를 전부 거둬들임으로써 작은 의(意)로써도 큰 결과를 볼 수 있으므로 여유롭고 가볍게 취하면 된다. 이 자세는 시골길이나 한적한 공원을 소요하듯 하는 것을 원칙으로 한다.

다음의 열은 공중에 떠 있는 풍선을 일정한 방향으로 가볍게 밀듯이 하면 되는데 주의할 것은 역시 손으로 밀면 안 되고 의식의 농담 없이 허리로 밀어야 한다는 것이다.

주는 춤을 추듯이 발과 허리를 비틀어서 양팔이 날리듯이 해야 하며, 우측 손은 약간의 힘만 주어서 미인수(美人手)로 한다. 이어지는 고는 몸의 앞에 있는 평평하고 넓은 나무판에 그림을 그리듯이 하며 마음가짐은 가볍게 하면서도 신중하게 해야 한다. 좌룡회두에서 마무리한 자신감을 다음 초식인 단편으로 이어가도록 한다.

6. 우단편(右單鞭)

고에서 단편으로 이어지는 자세는 '리'의 형태를 따르며, 온몸이 미끄러지듯 하면서 자세를 잡는다. 자세를 잡고 나서 단편을 하며, 단편은 채찍질하듯 한다.

7. 우제수상세(右提手上勢)

제수상세란 '손을 들어 위를 받친다'는 뜻이다. 이 동작을 할 때는 주변에 있는 물을 가득 끌어와서 내 몸이 부유하도록 한 다음 앞으로 나아가는 것이다. 이때 손과 발은 임맥선 상에 있도록 유도한다. 발은 상대방의 정강이를 걸어차는 자세를 취한다. 이때 발을 절대로 어정쩡하게 두면 안 된다. 이 자세는 형의권의 초식을 빌린 것으로서 매우 부서운 동작이다. 그러나 대부분 쉽게 하는 경향이 있다. 발로 상대를 걸어찰 때는 발바닥으로 차야 한다. 정강이는 단단하기 때문에 단단한 것으로 차면 찬 사람도 상해를 입을 수 있다. '단단함은 부드러운 것으로써, 부드러운 것은 단단한 것으로써' 대응한다.

제수상세를 하고 나서는 전요(비틀림)의 동작으로 기운을 몰아서 백학량시의 근일보와 장까지 기운이 전달되도록 해야 한다.

8. 우백학량시(右白鶴亮翅)

백학량시란 '흰 학이 나래를 편다'는 뜻이다. 백학량시는 물 위의 얇은 얼음을 살짝 딛는 것처럼 하되 발의 의식을 강하게 하여 기운을 끌어당기고, 오른발로는 지기(地氣)를 끌어당겨서 단전에서 합하게 한 다음 그 기운을 다시 회음을 거쳐 등과 어깨를 통해 양손으로 이끌어 노궁에서 운용하도록 한다. 오른손의 중지 끝으로는 회전운동의 축으로 하고, 큰 기운덩어리를 강하게 압축하는 기분으로 내노궁으로 전방 아래를 지그시 누른다. 왼손은 오른손을 이끌듯 끌어내리면서 허리부분에서 지면과 수평되게 비틀어 누른다. 10시 반 방향으로 진일보하여 자리를 확보한 뒤 상대를 밀어뜨리고 다시 좌단편으로 춤추듯 들어간다.

태극권을 하면서 뜻도 모르고 하는 사람들을 종종 본다. 십수 년 태극권을 했다는 사람이 소위 '백항양식'이라고 말할 때에는 참으로 한심한 생각이 든다. 음(吢)도 잘못 알고 있을 뿐만 아니라, 어떤 이는 백학을 닮으라는 의미로 잘못 받아들여서 자세를 백학과 똑같이 하겠다는 생각을 갖는 어리석은 사람도 있다. 백학량시란 흰 학의 속성과 작용을 닮으라는 것이다. 백학과 똑같이 하겠다는 생각을 갖고 백학을 표현하려고 매달리는 것은 마치 조괄담병(趙括談兵)과 같다고 하겠다.

전국시대에 병서에 능통한 조괄이라는 사람이 있었다. 그는 병서에 나오는 원리원칙대로 전투를 지휘하였다. 그러나 그의 병사들은 모든 전투에서 참패하였다. 그래도 조괄은 끝끝내 병사를 버리지 못했다. 마침내 병사들이 모두 전사하였고 조괄은 한 번의 승리도 못한 채 죽고 말았다. 이와 같이 조괄담병은 독단적인 방법과 원칙만 따르다가 자기 무덤을 판다는 경우다. 만약 태극권을 백학처럼 해야 한다고 매달리게 되면 조괄담병과 같이 말의 진의를 저버리는 우를 범하게 된다. 달을 가리키면 달을 보아야 하며 달을 가리키는 손가락만 보아서는 안 된다고 했다. 그런데 그저 손가락만 쳐다보는 격이다. 이성과 인격이 있는 사람이라면 말뜻을 제대로 알아들어야 한다. 인간은 만물의 영장인데 짐승을 닮고 짐승과 똑같이 하려고 한다면 바보가 아니겠는가. 백학량시 동작에서는 백학의 속성만 따야 함을 거듭 강조하는 바다.

조괄담병은 비단 무술의 세계에서만 나타나는 것이 아니고 사회 구석구석에서 나타나고 있는 현상이다. 경제 분야에서도 그렇고 사회 질서를 정하거나 회사전략을 수립하는 데서도 발견할 수 있다. 자신의 주장만 내세워서 소위 합리적인 방법으로 이끌려고 하는 자기 과시적 발상은 오히려 겁이 많고 몸과 마음이 허약하다 못해 좁아터진 소치라 하겠다. 반드시 이를 탈피해야 한다. 이는 특히 요즘 젊은이들이 더 명심해야 할 대목이다. 조괄담병의 틀에서 탈피하지 못하면 큰 재목이 될 수 없음을 명심해야 할 것이다.

9. 좌단편(左單鞭)

좌단편은 리(履)를 하는 데 있어서 깊은 잠에서 깨어난 짐승 같은 마음으로 활발하고 가볍게 하며, 구수(扣手)와 단편 역시 가벼우면서도 신중하게 이어지도록 한다.

10. 좌제수상세(左提手上勢)

11. 좌백학량시(左白鶴亮翅)

우제수상세와 동일하게 좌제수상세를 시연하고, 엷고 부드러운 기운을 형성하여 좌백학량시를 시연한다. 요령은 우백학량시를 참조한다.

12. 우좌루슬안장(右左樓膝按掌)

루슬안장의 자세에서 팔은 태극의 모양을 그린다. 상대방을 공격해 들어갈 때 팔은 동일 평면에서 태극의 형상을 그리고 그 동일 평면을 장으로 누른다. 루슬이란 '무릎으로 루(樓閣)를 만든다'는 뜻인데, 루는 누각만을 생각할 수 있으나 본래 냇가에 다릿발을 세우고 사람이 건너도록 한 것도 루의 의미이다. 이 동작에서는 자세가 다소간 덜렁거리더라도 상체를 바르게 고정해야 한다. 그런 다음 장으로 누른다. 이때 손바닥은 치는 것이 아니라 노궁으로 누르는 것임을 유념한다.

우좌루슬안장으로 들어갈 때는 손과 발 그리고 몸의 방향을 나란하게 하여 하나의 평면을 형성하며, 평면을 형성하고 난 뒤에 전하방을 꾹 누른다. 손으로는 태극의 소용돌이를 가장 원만하게 표현한다. 이때 모든 동작이 유위(有爲)와 무위(無爲)를 여읜 상태이어야 함을 명심한다.

유위와 무위를 여읜 동작은 설명으로 이해시킬 수 없다. 이는 자기 자신이 스스로 피나는 노력과 각고의 수련으로써 얻어지는 지고지대(至高至大)의 보물이다. 그리고 이것은 곧 대승(大乘)으로 들어가는 문

이니 어찌 분별심으로 무장된 세인들끼리 주고받는 제한된 어휘와 변견으로 표현할 수 있겠는가? 굳건한 주관을 갖고 흩어지지 않는 의식을 바탕으로 바른 인간 됨됨이를 갖춘 이라면 이 동작의 형태와 의미 그리고 그 위력을 가히 얻으리라.

13. 우반란추(右搬攔捶)

반란추란 '옮겨 막고 추로써 내지른다'는 뜻이다. 옮겨 막는 과정에서는 주먹을 마치 뫼비우스의 띠처럼 해야 상대방의 공격을 흐트러트릴 수 있다. 상대방이 나를 잡고 있을 때 주먹의 모양을 뫼비우스띠를 형성하듯 하여 공격을 흐트러뜨리고, 마찬가지로 우측 권심(拳心)이 뫼비우스의 띠를 형성해서 앞으로 내지르는 추가 되게 한다.

14. 우여봉사폐(右如封似閉)

여봉사폐는 '종이나 비닐봉투 또는 밖으로 나갈 문이 없는 폐쇄된 집에 가두어 쓸모없게 한다'는 뜻이다. 이 초식은 두 손을 흉부까지 끌어올려서 직선으로 내치는 동작이다. 내칠 때는 팔로만 쳐서는 안 되며 반드시 왼쪽 오른쪽 양장(兩掌)이 몸과 일치된 상태로 해서 내질러야 한다.

15. 좌우루슬안장(左右樓膝按掌)

16. 좌반란추(左搬攔捶)

17. 좌여봉사폐(左如封似閉)

18. 우십자수(右十字手)

십자수는 상대를 끌어안아 질식시키거나 허리를 부러뜨리는 동작이다. 좌측에 있는 사람을 우측으로 끌어안아서 허리를 부러뜨린다. 명치 쪽을 끌어안았다가 허리를 펴면서 아랫배 단전을 부풀리고 양팔을 X자로 하여 안쪽으로 비틀면서 끌어올린다. 공격해 들어오는 사람을 이렇게 한번 끌어안았다 놓으면 바로 기절한다.

2단

19. 우포호귀산(右抱虎歸山)

포호귀산은 '우리에 갇혔던 호랑이가 산으로 돌아간다'는 뜻으로써 나의 굳건함을 표현하는 초식이다.

호랑이가 목표를 향해 돌진할 때의 모습을 보면 사소한 방해 정도는 거들떠보지도 않고 큰 방해도 과감히 뚫고 나가는 강한 힘이 느껴진다. 포호귀산은 이렇듯 웅장하게 하는 동작이다.

우포호귀산은 우십자수의 기운을 그대로 이어 받아서 우리에 갇혔던 호랑이가 산으로 돌진하여 되돌아가듯이 한다. 전후좌우 상대의 훼방을 제압하며 오직 하나의 목적만을 이루려는 집념으로 가볍고도 날카롭게 시연한다.

20. 우주저추(右肘低捶)

위 초식에 이어서 포호귀산의 기운을 휘말아 낚아채어 옆구리에 꿰어차듯 당기고, 우측 발로는 천군만마를 막고 동시에 손으로는 금강장막을 치듯 한다. 이 동작의 기세를 상대가 보았을 때에는 감히 접근하지 못하고 주춤하여 뒤로 물러나도록 해야 한다.

우주저추는 '팔꿈치를 밑으로 떨어트려 추를 한다'는 뜻이다. 그러나 말 그대로 팔꿈치만의 공격이 아니다. 공격은 팔꿈치로도 할 수 있고 다른 부분으로도 얼마든지 할 수 있다. 팔꿈치만 생각한다면 틀린 것이다.

예를 들어, 고는 어깨로 들이받는 것이지만 반드시 어깨가 아닌 새끼손가락으로도 할 수 있다. 말 자체만을 따르면 고는 어깨로 하는 것이므로 '왜 어깨가 아니고 새끼손가락으로 하는 것이라고 하느냐'고 물을 수 있다. 그러나 어깨의 힘을 새끼손가락에 전달해야 하는 것이 태극권의 이치임을 알면 이러한 질문은 하지 않을 것이다.

태극권은 의(意)로서 해야 한다. 태극권을 내가권(內家拳)이라 하는 바, 이는 곧 의권(意拳)임을 의미하는 것이다. 태극권은 절대로 용력(用力)으로 해서는 안 되며 마음으로 해야 한다. 손과 발의 움직임에 항상 의식이 쫓아가야 하며 손과 발 그리고 전신으로 천기(天氣)와 지기(地氣)를 단전으로 끌어들이는 마음을 가져야 한다. 힘은 조금 보태는 것뿐이지 힘으로 권을 하는 것이 아니다. 힘은 오직 자세를 낮추고 바르게 하는 데에 쓰는 것이다.

주저추는 상대방의 어디에 맞든 상관이 없다. 팔꿈치의 힘을 몸의 어디로든 전달해서 상대방을 공격하면 되는 것이다. 종아리로 맞은 사람이 있을 수 있고 손가락으로 맞은 사람이 있을 수 있다. 어디로 맞든 팔꿈치로 얻어맞은 것과 똑같은 충격과 힘을 상대방이 느끼게 하면 되는 것이고 또 결과가 그러해야 한다.

이러한 이치를 이해하고 몸에 배어들게 하려면 동양적 사고가 마음 바탕에 깔려 있어야 한다. 여하튼 동작 하나하나를 정성껏 하면서 말의 의미를 몸으로 실천하길 바란다. 거듭 당부하건대 몸으로 체득하지 않고서 말에만 끌려가는 개의 속성을 닮지 말라.

21. 좌포호귀산(左抱虎歸山)

22. 좌주저추(左肘底捶)

23. 도련후(倒攆候)

이 동작은 양식 64식의 기세 전반에 걸쳐서 세가 이어지는 부분이 매끄럽지 못할 우려가 있는 부분이다. 동작이 매끄럽게 이어지도록 각별히 주의하고 노력해야 한다.

도련후는 '흰 원숭이가 수레를 뒤집는다'는 뜻이다. 여기서 말하는 흰 원숭이는 소설 손오공에서 나오는 제천대승 손오공과 동등하거나 더 영험한 원숭이로써 옥황상제(중국에서는 부처님의 다른 이름으로 표현함)에게 음식을 날라 주는 심부름꾼이다. 능력이 무궁무진하고 어떤 경우에도 실수하는 일이 없는 것을 백원이라고 형상화한 것이다. 백원이 관세음보살께서 모시는 옥황상제님에게 천도복숭아를 바치는 자세와 같다고 해서 이 초식의 이름이 붙었다.

도(倒)는 '뒤집다' '물러난다'는 의미이다. 백원이 뒤로 물러나면서 수레를 뒤집을 때 뒤집는 흔적 없이 매우 신속하고도 자연스럽게 동작을 취하듯이 하라는 뜻이다. 법도에 조금이라도 어긋나면 안 된다.

도련후는 상대방이 공격할 때 손을 밀면서 동시에 끌어당기고 다시 손을 하늘로 뒤집으면서 상대방의 천돌을 찌르는 공격 방법이다. 상대의 공격을 손을 뒤집어 차단하면서 바로 상대방의 천돌로 돌진해 들어가 찌르는 것이다. 다시 말해서 상대방이 강한 힘으로 쳐들어올 때에 상대방의 강한 공격을 누그러뜨리고 힘을 못 쓰게 분산시키면서 상대의 급소(천돌과 목 부분)를 공격하는 초식이다. 이때 손은 천돌뿐 아니라 눈이나 인중 등 안면의 어디든지 공격할 수가 있다. 또한 손을 뒤집지 않아도 무방하다.

전술했듯이 도련후는 원숭이가 수레를 아주 쉽고 간단하게 뒤집는 것을 의미한다. 이 자세는 다른 문맥에서는 백원헌과(특히 진련후에서)라고도 표현한다. 백원은 어떤 주변의 난관이 있다고 해도 과일을 옮겨서 옥황상제께 드리는 것에 절대 방해를 받지 않는다. 도련후는 상대방이 파도처럼 강한 힘으로 밀고 들어오면 앞에 놓인 손으로 일차 저지한다. 상대방이 공격해 들어오는 힘은 원을 형성하여 파도를 일으키는 형태인 만큼 한걸음 물러나면서 그 원이 회전하지 못하도록 흐트려 당겨서 공격의 힘을 늦추고 동시에 손을 뒤집으면서 신속하게 공격하는 것이다. 발로는 쳐들어오는 상대방의 하체를 공격해서 공격을 원천봉쇄한다. 왼발 뒤꿈치를 지면에 댈 때는 손의 움직임에 맞추어야 한다. 이렇게 세 번 물러나면서 우해저침으로 들어간다. 해저침으로 들어갈 때는 특히 연결 부분을 아주 부드럽고 자연스럽게 해야 한다.

24. 우해저침(右海底針)

해저침은 '바다 밑바닥에 깊숙이 침을 꽂는다'는 뜻이다. 침은 명문의 힘으로 꽂아야 하며, 그 침은 오른손의 노궁이 되어야 한다. 엉덩이를 들지 말고 낮춘 상태에서 호흡을 강하게 토하면서 떨어지듯 내려간다. 온갖 잡생각의 번뇌를 '의'로서 몰아 단전 깊숙이 박아 넣으며 깊은 도심으로 들어간다.

일반적으로 바다란 단전을 말한다. 단전 깊숙이 침을 꽂는다는 것은 곧 의기를 단전에 두라는 말이다. 실제 의미는 공격하는 상대방의 팔을 받아서 땅바닥에 완전히 패대기치는 것이다. 앞발로는 상대방의 턱을 차올린다. 이때 발 대신 무릎으로 올려쳐도 된다. 이 동작은 상대방을 꼼짝 못하게 하는 초식이다.

이어지는 우좌선통비로 들어갈 때에는 발동작을 분명히 해야 하며 허리가 구부러지거나 일어서지 않게 주의한다.

25. 우좌선통비(右左扇通臂)

선통비란 '어깨로 부채를 편 형상을 취한다'는 뜻이다. 위로 든 팔로는 상대방의 공격을 차단하거나 빗나가게 하여 허점이 생기게 한 다음 장으로 상대방을 공격한다. 상대방의 공격이 들어오면 위를 노출케 하여 노출된 부분의 아래를 장으로 공격하는 것이다. 이때 손모양이 부채를 편 형상과 같다고 해서 선통비라고 한다.

우좌선통비 모두 궁보세를 유지해야 하고, 손과 몸과 발이 조화롭게 이뤄져야 한다. 우선통비를 할 때에는 양손을 정면과 평행하게 자세를 취하여 왼손으로는 상대의 상체를 열고 오른손으로는 상대의 갈빗대 등을 공격한다. 자세는 허리가 굽지 않아야 하며 높낮이가 흐트러지지 않은 상태에서 좌선통비로 이어진다. 좌선통비도 우선통비와 동일한 요령으로 시연한다.

26. 우전신벽추(右轉身劈捶)

전신이란 '몸을 회전시킨다'는 말이고, 벽이란 '쪼갠다'는 의미로써 몸을 회전시켜 추로 쪼갠다는 뜻이다. 전신벽추에는 팔뚝 및 팔꿈치와 주먹의 외노궁 두 개의 추가 있다. 이 두 개의 추로 상대방을 친 다음에 연이어서 반대편 장으로 친 곳을 다시 공격하여 확인 사살하는 것이다.

우전신벽추는 좌선통비에서 발을 돌릴 때 온몸에 태극의 힘을 실어야 한다. 발을 낼 때에는 몸이 크게 뒤틀리게 하여 태극이 요동치게 하며, 팔뚝을 포함한 권의 내노궁이 상대방의 임맥선 상을 먼저 치고 연이어 3분의 1 내지 2분의 1 박자 내에 왼쪽장이 다시 임맥선 상의 상단부를 친다. 이 동작은 물레방아 돌듯이 연이어서 해야 한다. 전신벽추는 처음 발을 낼 때 몸이 뒤틀리게 하며 요동치는 태극력(太極刀)으로 쳐야 함을 명심한다.

27. 진련후(進攆猴)

진련후는 '원숭이가 나아가면서 수레를 뒤집는다'는 뜻이다. 도련후는 물러나면서 공격하는 것이었으나 진련후는 전진하면서 공격하는 것이다. 공격 부위는 도련후와 마찬가지로 상대가 공격할 때 끌어들여서 작용과 반작용을 일으키면서 상대방의 천돌 부분을 공격하는 것이다. 도련후에서는 앞발을 들면서 상대 공격을 차단하지만, 진련후에서는 뒤꿈치를 들고 앞발로 상대방의 하체 공격을 끊듯이 (도끼날처럼 상대 정강이를 끊음) 들어가야 한다. 상대 권역 내를 마치 단도가 들어가듯 날카롭고 신속하게 공격해 들어간다. 도련후에서는 상대방이 파도를 밀듯이 공격해 들어오는 것이나 이와 반대로 진련후에서는 자신이 파도를 밀면서 공격해 들어가는 것이다. 상대방의 공격을 발로써 끊어내면서 하체를 고정시키고, 밀려들어간 파도에 상대방이 정신 못 차릴 때 손을 뒤집어 천돌이나 목 또는 안면부를 찌르는 동작이다. 손은 상대방을 향해 정확히 찔러야 하며 도련후보다 간결하고 신속하게 시연한다.

28. 좌해저침(左海底針)

좌해저침은 우해저침과 같이 해저에 침을 깊숙이 꽂는 것이나 다만 진보하면서 한다는 점이 다르다. 해저에 침을 꽂을 때에는 의식도 침과 함께 해저에 깊숙이 몰아넣는다.

29. 좌우선통비(左右扇通臂)

30. 좌전신벽추(左轉身劈捶)

31. 우운수(右雲手)

전신벽추에서 생긴 크나큰 공력을 부드럽게 바꾼다. 구름 아래와 위로 나타났다가 사라지는 손 같다고 해서 운수(雲手)라는 이름이 지어졌다. 운수는 날렵하게 사라졌다가 나타나면서 상대를 공격하고 차단하기도 한다. 공수겸비의 초식이다. 모양은 부드러우나 그 기운의 강함은 산을 밀어뜨리고 옮기는 힘이어야 하고 마주쳐 오는 바닷물을 되돌리듯 용맹하게 공격해 들어가야 한다.

어느 정도 태극권을 한 사람이라면 이 동작을 하면서 새삼스레 태극의 은혜를 만끽할 수 있는 초식이다. 몸과 마음의 여유를 최대로 하여서 정성스럽게 운용해야 한다. 낮은 자세로 하체의 강한 힘과 비틀림을 허리를 통해 손으로 전달하되 손은 매우 부드럽게 운용해야 한다.

32. 우좌분각(右左分脚)

운수에서 얻은 하지와 허리의 강한 비틀림과 부드럽게 움직이는 손의 기운을 흩트리지 않고 우분각으로 이어지게 해야 한다. 흐름과 기운이 끊어지지 않게 각별히 조심할 것이다. 분각은 겉모양으로 보면 다리를 나누어 공격하는 동작이다. 손으로는 상대방 공격을 흩트려서 공격할 수 있는 상황을 만들고, 발끝으로는 상대방의 급소(부드러운 곳)를 공격한다. 겨드랑이 등 주로 몸의 앞면이 공격 목표이다.

분각은 새가 나래를 펴듯 가볍게 하는 것이고, 혹 기력이 용출할 시에는 강하게 뻗은 진가권의 분각과 같이 해도 무방하다. 각자 운용의 묘를 살릴 것이다. 좌분각은 오른발의 놓음에 주의를 하고 몸의 체중을 완전히 이동시킨 후 강하나 부드럽게 해야 한다. 이때에도 큰 여유를 갖도록 한다.

33. 좌운수(左雲手)

34. 우좌측신등각(右左側身蹬脚)

측신등각은 '몸의 측면으로 다리를 들어 공격한다'는 말이다. 발로 찰 때에는 발의 뒤꿈치로 뚫어 차는 기분으로 찬다. 허공의 공(쏲)의 형태를 뚫고 들어가듯이 허리로 밀어 차야 한다. 손은 장의 형태를 취하며 팔꿈치는 등각의 무릎과 일치하게 한다. 이때 눈은 공격하는 발의 끝과 장을 똑바로 보아서 코의 정면이 장의 높이와 같게 해야 한다.

35. 야마분종(野馬分鬃)

야마분종은 '야생말이 갈기를 가른다'는 말로써 지금껏 시연한 동작들을 다시 마음에 새기고 다지는 부분이다. 야마분종은 낮은 자세를 취하여 다리와 허리를 부드러우면서도 기운을 강하게 하고, 좌우 측 장 역시 부드러우면서도 날카롭게 하여 빈틈없이 공격을 시연할 것이다.

36. 전후회신등각(前後回身蹬脚)

회신등각은 앞뒤로 몸을 돌려서 다리를 들어 공격하는 것이다. 이

때 허리가 구부러지지 않게 해야 한다. 팔 다리 허리 놀림이 연쇄 동작이 되어야 하는 것이 가장 중요하다. 특히 후회신등각은 그 연쇄성이 두드러지게 나타나야 하는 부분이기도 하다. 그래야 거기서 태극의 기미가 형성되어 강력한 기운이 몸속에 저장될 수 있다. 그 저장된 몸속의 기운으로 좌람작미를 가볍게 하되 자긍심으로 똘똘 뭉친 람작미를 해야 한다.

37. 좌람작미(左攬鵲尾)

좌람작미는 날카로우나 부드럽게, 그리고 여유롭게 시연할 것이며, 큰 자긍심과 강한 오기를 가지고 해야 한다. 눈은 호수의 잔잔함을 담고 마음은 평정(平靜)을 유지한다.

38. 우단편하세(右單鞭下勢)

단편하세는 손과 발이 일치되게 해야 한다. 즉 손이 움직일 때 발이 움직이고 동시에 허리가 움직여서 상호협조가 되게 해야 한다. 동작들 중 상호협조가 잘 안 되는 부분이 특히 이 부분이다. 따라서 상호협조를 강조하니 모쪼록 스스로 노력하기 바란다.

장심이 위 또는 밖으로 향한 상태에서 위로 올라갈 때에 지면과 수직으로 몸을 일으키면 뒷발에 체중이 가고 앞발에 체중이 빠지게 되는데 이렇게 하면 안 된다. 몸이 위로 올라갈 때에 몸 전체가 45도로 돌진하듯 나아가야 한다. 앞으로 나아갈 때는 나 자신이 온 우주를 잡아서 컨트롤하듯 혹은 온 우주를 잡아서 회전시키듯 시연한다.

39. 우금계독립(右金鷄獨立)

금계독립은 '철로 만든 단단한 닭이 외발로 선다'는 뜻이다. 닭은 외발로 설 때 가장 위맹하다. 그 위맹함이 나타나야 하는 것이다. 닭은 본래 용을 잡아먹는 존재인 가루라를 형상화한 것이다. 용처럼 포악한 동물도 금계 앞에서는 꼼짝하지 못한다. 지용은 닭이 제일 좋아하는 음식이다.

뱀도 잡아먹는 것이 닭이다. 이렇듯 금계독립은 한번 결정하면 가차 없이 성취시키는 닭의 용맹한 속성을 형상화하고 의식화한 것이다. 왼발 왼손이 허공을 휘어잡아야 하는데 왼발을 들었다 놓는 지점은 오른발 뒤꿈치 부분이다.

40. 좌단편하세(左單鞭下勢)

좌단편하세는 우단편하세보다 좀 더 여유롭고 가볍게 시연한다.

41. 좌금계독립(左金鷄獨立)

좌금계독립도 우금계독립보다는 더 여유롭고 가볍게 시연한다.

42. 우좌타호(右左打虎)

우좌타호는 우측과 좌측의 호랑이를 친다는 말인데 좌금계독립에서 이어지는 '사슴 뒤돌아보기'의 동작을 자연스럽게 연결시켜서 몸의 뒤틀림이 역방향으로 되게 하여 다시 발을 내딛으며 손 방향으로 틀리게 하고, 손과 어깨는 다시 역

으로 뒤틀리고 그 뒤틀림을 좌우 팔로 연결시켜서 권으로 치는 동작이다. 이때 뒤틀림의 연속이 권까지 깊게 이루어져야 한다.

43. 좌룡회두(左龍回頭)

좌룡회두는 몸의 뒤틀림이 지그재그로 이어지도록 하여 마치 산책하며 소요하듯 해야 한다. 자신을 굳건히 지키고 그 위력은 강맹하다. 앞 동작과 뒷 동작이 서로서로 이어받아 뒤틀림을 유발해야 하며, 그 뒤틀림은 다음 동작으로 계속 이어가야 한다.

44. 옥녀천사(玉女穿梭)

좌룡회두의 비틀림이 이어져 폭발하도록 하는 것이 옥녀천사이다. 옥녀천사는 '옥녀가 베를 짜기 위해서 북을 밀어 넣는다'는 뜻이다. 이 동작은 옥녀가 손으로 실을 짤 때에 씨줄을 당기고 북을 툭 밀어 넣는 것을 형상화한 것이다.

정순함 아름다움 정돈됨 지혜 등 모든 것을 다 갖춘 옥녀가 베를 짜므로 베나 베틀 주변이 다 나무랄 데 없는 깨끗한 환경이다. 가장 정돈되고 깨끗하고 소박하게 천사를 하듯이 이 동작 역시 톡 치는 듯 하면서도 완벽하게 북이 제자리로 가서 목적을 이루듯 해야 한다. 두 번째는 첫 번째의 뒤틀림을 이어받아서 더욱 강하게 하며, 세 번째는 좌측에서 공격해 들어오는 상대방을 향해 반대로 돌아서 회전력(태극)을 이용하여 아주 강한 공격을 하고, 네 번째는 공격을 마무리하되 바닥에 쓰러진 상대방을 다시 공격한 다음 좌십자수로 들어간다.

45. 좌십자수(左十字手)

옥녀천사의 네 번째 공격을 마친 자세에서 허리를 비틀어 정면(남)으로 돌아올 때 좌측 장을 오른발과 함께 낚아채듯 가져온 다음 오른쪽 왼쪽 양장(兩掌)을 서로 비틀어 당겨(왼손이 바깥쪽에 있음) 조인다. 이때 큰 우주를 내 것으로 만든다는 강한 의(意)를 갖고 동작을 하되 부드럽게 시연한다.

3단

46. 우람작미(右攬鵲尾)

우람작미는 완성된 자긍심으로서 매우 느릿하고 여유롭게 해야 한다. 또한 자세를 낮게 하고 우주를 포용하는 마음으로 해야 한다.

47. 우쌍풍관이(右雙風灌耳)

쌍풍관이는 '두 갈래의 바람으로 양쪽 귀를 뚫는다'라는 말이다. 이 초식은 팔뚝(臂)과 팔꿈치(肘)로 앞의 산을 무너뜨리고, 산의 정상 부분을 양쪽 권으로 뚫어서 무너지게 하며, 발로는 산의 기초부분을 짓밟아서 기본을 뭉개버리는 위력이 있다.

이 초식은 매우 맹렬하고 강하여 실제 사람을 공격할 때에는 쓰지 말아야 할 초식이다. 이 공격을 당하면 바로 그 자리에서 이승을 하직하든가 평생을 병상에서 보내야 할 것이다. 그것도 식물인간으로서 말이다. 그러므로 수련자는 자비가 바탕이 되어 이 권을 배워야 하며, 이 초식을 사용할 때에는 큰 자비심을 바탕으로 하여 시늉만 할 뿐 행여라도 사람에게 직접 사용해서는 안 된다. 위력은 비단 이 초식뿐만 아니라 태극권의 모든 초식이 이러하니 자신의 인격수양에만 활용하고 절대 다른 사람과 다투거나 겨루어서는 안 된다.

48. 좌쌍풍관이(左雙風灌耳)

우쌍풍관이와 같은 요령이나 우쌍풍관이보다 훨씬 부드럽고 유연하게, 그리고 여유롭게 시연한다.

49. 우천장(右穿掌)

천장이란 '장으로써 뚫는다'는 뜻이다. 몸의 뒤틀림을 사각(斜角)으로 유도하여 장의 첨단(中肢)을 중심으로 천돌과 천돌 주변을 공격하는 초식이다. 이 동작은 아주 예리하고 재빠르게 공격함이 생명이다. 천장은 형의권의 오행권 중에서 찬권에 해당하는 권이다. 몸의 중심선을 몸의 움직임의 직선상에 있게 하여 내딛는 발과 맞추며, 그 공력을 오른손 장의 첨단에 머물게 하여 등근육과 의(意)를 사용하여 내지른다. 장으로는 강철판을 뚫는 기분으로 해야 한다.

50. 우십자퇴(右十字腿)

십자퇴는 팔로 십자를 만들면서 다리(腿)로 공격하는 초식이다. 강철을 뚫는 우천장 초식에 이어 몸을 이동하는 과정 하나하나에서 몸의 뒤틀림을 유발해야 하며, 지금까지의 모든 초식 가운데서 가장 강한 뒤틀림을 만들어야 한다. 이때 내지른 오른손과 팔을 바르게 세우면서 몸의 뒤틀림을 최대로 하고 오른발을 등각과 같이 하여 공격한다. 양팔은 뒤틀린 것을 풀면서 다시 역으로 틀어서 몸의 틀림을 최대로 한다.

51. 좌천장(左穿掌)

좌천장은 우천장과 같은 요령이나 우천장보다는 훨씬 가볍고 부드럽게 시연한다.

52. 좌십자퇴(左十字腿)

좌십자퇴 역시 부드럽고 가볍게 시연하나 웅심(雄心)을 품고, 눈은 부드럽게 하되 만물을 담는 그윽한 시선으로 상대방을 응시한다.

53. 우룡회두(右龍回頭)

이 동작은 거침없는 기세로 소요하듯 장엄하게 한다. 온 세상이 나의 것이니 모든 게 다 내 뜻대로 다 이뤄진다. 그리고 모든 고난과 어려움은 내가 다 조절할 수 있고 내 앞에는 어떤 난관도 있을 수 없다는 생각으로 자신감 있게 해야 한다.

십자퇴에서 역 뒤틀림은 곧바로 '채'로 이어지고 그 틀림이 역으로 뒤틀리면서 '열'로, 다시 역으로 뒤틀리면서 '주', 다시 역으로 뒤틀림으로 '고'를 시연한다. 특히 '고'에서는 과감함 섬세함 부드러움이 합쳐져서 무한한 자신감에 차 있어야 한다.

54. 우지당추(右指襠捶)

'고'에서 갖춘 기운을 휘몰아서 목표를 가리켜(指) 추로 부딪친다(指襠). 마치 탱크가 진격하듯 강하게 부딪친다. 상대방에게 부딪치는 부위는 흐름을 방해하지 않는 범위에서 중초나 하초 등 어느 곳이라도 상관이 없다. 이처럼 탱크처럼 강하게 통통 부딪치면서 마무리 짓는 단계이다.

55. 우상보칠성(右上步七星)

상보칠성은 '앞으로 나아가면서 칠성을 본다'는 뜻으로서 '모든 것을 끝내다' '이것으로 끝냈다'는 의미이다.

56. 우퇴보과호(右腿步跨虎)

과호란 '호랑이를 타고 넘는다'는 의미다. 이 동작은 부딪친 상대방을 양권의 내면으로 가볍지만 강하게 부딪치듯 치는 것이다. 이때에도 하체를 굳건히 고정시키고 하단전에서 미려를 통해 독맥으로 기운을 끌어올려서 양 어깨를 거쳐 손으로 운행시킨다.

57. 우전신파련(右轉身擺蓮)

전신파련을 할 때 즈음이면 세상의 고난은 이미 대부분 사라진 상태이다. 이제는 아직도 끈질기게 남아있는 주요 난관을 타파하기 위하여 악을 선으로 불행을 행복으로 부조화를 조화롭게 바꾼다는 굳건한 마음으로 이 동작을 아름답게 시연한다.

전신파련은 '몸을 돌려 연꽃을 편다'는 뜻으로써 매우 아름답고 자연스럽게 연꽃을 벌리는 것과 같은 동작을 취하는 것이다. 발은 둥글게 쳐와야 하고 손도 둥글게 쳐온다. 이때 손과 발이 서로 둥글게 마주쳐 오도록 하면서 세의 흐름이 동시에 마찰하도록 동작을 이뤄야 한다. 발은 내리치고 손은 쳐올려서 마주치는 경이 동시에 작용토록 한다.

58. 우만궁사호(右彎弓射虎)

만궁사호는 살아남은 마지막 한 놈(호랑이)을 없애는 것이다. 사람 키보다 더 큰 활에 창과 같이 긴 화살을 매어서 가까이 있는 호랑이를 쏘는 자세이다. 호랑이를 잡으려면 만궁같이 큰 활에 창같이 무겁고 긴 화살로만 가능하다. 이 동작은 큰 자신감을 바탕으로 닥쳐오는 어떠한 난관도 한숨에 뚫어버리겠다는 용맹심을 갖고 해야 한다.

59. 좌지당추(左指襠捶)

우측의 제반초식과 같은 요령으로 시연하되 훨씬 더 부드럽고 여유롭게 하며, 섬세하면서 뒤가 남지 않는 깨끗한 동작으로 마무리한다.

60. 좌상보칠성(左上步七星)

61. 좌퇴보과호(左腿步跨虎)

62. 좌전신파련(左轉身擺蓮)

63. 좌만궁사호(左彎弓射虎)

64. 합태극(合太極)-귀원

지금까지 태극으로써 63개 동작을 하였고 이제 마지막으로 합태극을 하면 음양 두 개가 합쳐진다. 내 몸에서 양쪽으로 나뉘어져 있던 태극을 단전으로 귀속시키는 것이 합태극이다. 태극이 원래 있던 곳으로 귀속하니 본래 무극에서 다시 무극으로 돌아가는 것이다.

태극권은 처음의 무극 상태에서 기세로부터 시작하여 태극으로 권을 하고 다시 무극으로 돌아가는 것이다.

사람이 아무것도 없던 진공(眞空)의 상태에서 태어나 어려서는 학교에 다니고 어른이 되어 결혼하여 아들 딸 낳아 기르고, 돈벌어 삼시세끼 먹고 살면서 남을 속이기도 하고 속기도 하면서 별일 다 당하고 별짓 다하다가 다시 죽음으로 귀원하는 것과 같은 이치이다.

합태극을 하여 귀원할 때에는 반드시 처음보다 더 발전된 인격체로 돌아와야 한다. 반드시 더 많은 지혜와 더 많은 포용심 그리고 더 건강한 심신을 이루어 마무리해야 한다. 정성을 다하여 위에서 이른바 그대로 권을 하면 한 번 할 때마다 큰 지혜가 쌓이고 심신의 건강이 크게 나아질 것이다. 태극권은 매일 해야 한다. 생각날 때 한두 번 하는 것으로는 태극권을 한다고 말할 수 없다. 지구는 하루에 한 번 돌기 때문에 태극권도 매일 해야만 공이 쌓인다. 지구가 돌면서 우리 몸을 청소해 주고 기력을 보충해 주기 때문에 거기에 맞춰서 해야 공력이 생기는 것이다.

태극권을 처음 시작해서 공력이 완벽히 쌓일 때까진 다음 경구를 항상 명심하기 바란다.

일일불련(一日不練)이면 부진즉퇴(不進卽退)
십일불련(十日不練)이면 전공진폐(前功盡廢)
하루를 연습하지 않으면 앞으로 나아가지 못하고 바로 퇴보하며
열흘 동안 연공하지 않으면 그간 쌓은 공력이 전부 사라진다.

이는 자상한 아버지가 지극한 마음으로 자식에게 이르는 것처럼 수련자들에게 당부하는 경구다. 부디 매일 매일 수련하여 큰 공력을 쌓아 불퇴전의 자리에 가길 바란다. 불퇴전의 자리에 가면 온 법계의 천하가 다 내 것이 된다. 온 법계의 천하가 다 내 것이 된 뒤에 오는 기적 같은 현상들은 이루 다 설명할 수가 없다. 끝없는 지혜와 끝없는 행복이 항상 내 것이 되는 것이다.

제 5 장

형의권(形意拳)

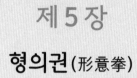

형의권의 시조는 달마조사이며, 달마는 권을 사용하여 하나로 통하는 길을 터놓았다. 인간의 본능을 이용하여 불도를 이루는 형식과 의를 만들어 놓은 것이다.

형의권은 달마가 전한 대승법

　형의권이란 글자 그대로 모양(形)이 뜻(意=의지)을 담고 있는 권으로써 태극권 팔괘장과 더불어 정통내가권(正統內家拳)의 하나이다. 내가권은 추구하는 목표가 모두 하나이며 동일하다고 볼 수 있다. 형의권역시 태극권 팔괘장과 더불어 추구하는 본질이 같다.

　　'대저 도(道)는 음과 양의 근본이면서 만물의 체(體)다. 도는 드러나지 않았을 때는 근본이 허(虛) 가운데 머물고 있으나 도가 드러나면 만물 속을 따라 흘러서 각각의 물성(物性)을 이루게 한다. 따라서 그 만물 속을 흐르는 것(道)은 하나이다. 즉, 도는 여럿을 이루며 여럿이되 곧 하나인 것이다.'

　대부분 심오한 사상이나 동서양의 철학, 그리고 종교의 가르침들은 바로 이 이론을 따르고 있다. 만물 속을 흐르는 하나인 '이것'을 궁구하는 노력이 피상적으로 나타난 것이 종교와 동서양의 수많은 철학들이다.
　형의권의 시초에 관해서는 여러 가지 설이 있으니 가장 이치에 합당하다고 생각되는 것은 다음과 같다.

　　'형의권의 시조는 달마조사이며 달마는 권을 통해서 하나로 통하는 길을 터놓았다. 불도를 이루는 여러 가지 방법 중에서 인간이 가진 본능을 이용하여 도를 이루는

형식과 의를 만들어 놓은 것이다.'

형의권은 여러 무명 성인과 송대의 악비를 거쳐 오늘에 이르렀다. 다음은 중국 소림에서 전해져 내려오는 문구이다.

'권법은 달마노조(達磨老祖)로부터 전해졌다. 불제자가 무(武)를 익히는 목적은 몸을 건강케 하고 법을 보호하고 마군을 항복 받는 데에 있다. 무공을 배우고 익힘에 있어서는 모든 마음을 자비에 머물게 해야 하느니, 만약 마음을 이러한 바탕에 두지 않은 채 무를 익히면 큰 해를 당하리라.'

태극권 팔괘장 형의권의 내가권 권법은 형식과 운용 면에서는 서로 다르다. 또한 내가권의 문파마다 주장하는 바와 형식 및 운용이 각기 다르다. 그러나 궁극적으로는 하나의 도리로 합하게 된다. 이런 점에서 어떤 권을 익히든 어떤 문파에 속하든 권을 하는 사람은 다 한 가족이라고 하는 것이다.

도는 하나일 뿐이다. 그 하나를 성인이 이르기를 "하늘에 있어서는 명(明)이고 사람에게 있어서는 성(性)이며 사물에 있어서는 리(理)다. 그리고 권에 있어서는 내경(內徑)이다."라고 하였다. 즉 권법은 '도'이며, 태극이 형성된 이치이다. 이는 음에 치우치거나 양에 치우치면 병폐가 된다는 것을 의미하고 있다. 이 대목은 노자뿐만 아니라 장자, 유가, 주자를 거쳐서 공자도 감탄하였다. 이 말은 표현한 문구와 용어는 다르나 불가에서 수행의 목표로 삼는 내용과 동일하다.

사람들이 일평생 동안 생활이 고르지 못하고 기혈이 조화되지 않으며 정신이 부진한 것은 모두가 음양의 조화를 이루지 못한 까닭이다. 한의학은 음양이 조화를 이루지 못하고 깨진 것을 약물로 바로 잡아주는 방법을 체계화한 것이라고 할 수 있다. 한의사는 특히 이러한 이치를 배우고 깨달아야 하며, 만약 이러한 이치를 모른다면 한의 사라고 할 수 없다.

이상의 세 문파는 제각기 궁극적인 도달점이 있으니 태극권에서는 공중(空中) 팔괘장에서는 허중(虛中) 형의권에서는 성중(誠中)의 도리를 가르쳐 각각 포원수일(抱元守一) 만법귀일(萬法歸一) 성일(誠一)을 체득케 하니 바로 유불선의 궁극적인 묘리(妙理)와 어우러져 하나를 이루게 되는 것이다. 노자가 이르되 "하늘은 하나를 얻어 맑고, 땅은 하나를 얻어 평온하며, 사람은 하나를 얻어 신령하고 하나를 얻어서 만사를 마친다"고 하였다.

일반인들은 권이 외세의 공격을 막는 방법과 도구로써 그저 혈기에 의존하는 용맹함이라고 이해하고 있는데 이는 크게 잘못된 것이다. 예로부터 혈기는 자신을 피폐시키는 지름길로써 지극히 경계하고 있는 바 권법에서는 더 더욱 혈기에 의존함을 금기시하고 있다. 혈기는 음기로써 본체(本體=人)를 망치는 것이니 혈기를 누르고 진양(眞陽)을 생성하여 체(體)를 주도하도록 해야 한다.

권은 하나의 도이다. 권은 유불선의 도를 합한 것이고 이 합친 하나는 역시 유불선을 포함하며 그 이외의 사상과 도리를 모두 포함하여 이해하도록 하고 관철케 하는 도의 길이다.

우리는 권으로써 지극한 도를 얻고 심신의 깨우침을 얻어서 우리의 생활이 무궁히 번창하고 풍요로운 생활을 영위하고 마침내 깨끗한 인생으로 마무리하는 생을 살아야 할 것이다.

인간 본연의 참됨을 회복한다

형의권에서 가장 중요시 여기는 것은 외동내정(外動內靜)이다. 특히 형의권은 다른 권법보다도 동작을 번갯불과 같이 빠르고 벼락 치듯이 해야 한다. 이때 외형은 강하게 움직이나 마음은 고요해야 한다.

비전서에 따르면 형의권은 삼단계의 도리와 세 가지 보법, 세 가지 수련법이 있다. 삼단계의 도리는 연정화기(練精化氣: 정을 단련하여 기로 변화시킴) 연기화신(練氣化神: 기를 단련하여 신으로 변화시킴) 연신환허(練神還虛: 연을 단련하여 허도 돌아감)이며, 이를 연마하면 사람의 기질이 변화되어 본연의 참됨을 회복하게 된다.

세 가지 보법의 공부에는 역골(易骨) 역근(易筋) 세수(洗髓)가 있다. 역골은 관절을 민활하게 하는 것으로써 이를 연마하면 뼈와 몸이 마치 철식과 같이 건고해지고 형식과 기질이 태산과 같은 위임을 지니게 된다.

역근은 모든 경(勁)을 전후좌우로 작용하게 하는 것으로써 이를 연마하면 힘이 세지며 경이 종횡으로 이어지면서 끊임없이 생겨난다.

세수는 골수를 씻는다는 의미이며 골수를 바꾸는 과정을 말한다. 이를 연마함으로써 안을 청허(淸虛)히 하여 몸을 가볍게 한다. 안이 청허한 상을 지니게 되면 신기(神氣)의 운용은 막힘이 없이 원활해지며, 몸의 움직임은 깃털처럼 가벼워진다. 마침내 환골탈태가 되어 진공(眞空)을 얻고 완벽한 성인이 되는 것이다.

세 종류의 연법에는 명경(明勁) 암경(暗勁) 화경(化勁)이 있다. 명경을 연마함에 있어서는 항시 법도를 지키며 바꾸지 않아야 한다. 몸의 움직임에 있어서는 어그러짐이 없이 조화로워야 하며, 수족의 기락(起落)에 있어서는 산란하지 않고 완전해야 한다. 경권에 이르기를 '방한 것으로써 그 안을 바로잡는다(方者以正其中)' 하였다.

암경을 연마함에 있어서는 신기(神氣)가 퍼져나가며 구속됨이 없어야 하며, 운용은 막힘없이 원만하며 활발해야 한다. 권경에 이르기를 '원만한 것으로써 나타남에 응한다(圓者以應其外)' 하였다.

화경을 연마함에 있어서는 기가 몸에 고루 돌게 하고 사지의 움직임과 기락 진퇴에 집착해서는 안 된다. 오로지 신의(神意)로써 운용한다. 비록 신의로써 운용할지라도 형식과 법도는 앞의 두 가지를 임의로 바꾸면 안 된다. 비록 온몸의 움직임에 집착해서는 안 되지만 또한 전부를 집착하지 않으면 안 된다. 항시 신의가 관통하고 있을 따름이다. 이 역시 '삼회구전은 일식이다(三回九轉是一式)'는 말의 의미와 상통한다.

수차를 돌리면 성인의 반열에 오른다

명경이란 권의 강경(剛勁)이다. 역골이란 곧 연정화기로써 뼈대를 바꾸는 도리이다. 사람의 몸이 선천의 기와 후천의 기가 합해지지 않음으로써 체질이 약하고 튼튼하지 못하게 되는 것이 안타까워서 이 도리를 밝힌다.

대체로 사람이 처음 태어났을 때에는 성품이 선하지 않는 자가 없고, 몸이 건전하지 않은 자가 없다. 또한 뿌리가 굳건하지 않은 자가 없으니 이것이 선천적인 우리의 본래 모습이다.

그러나 사람들이 모태에서 태어나 점차 성장해 가면서 갖가지 지식에 집착하게 되고 자기 고집이 생겨나게 된다. 아집과 지식은 서서히 영규(靈竅)를 닫아 버린다. 이에 따라 선천과 후천이 합하지 못하고 점점 더 벌어져서 음양이 교차하지 않게 되니 각종 번뇌가 생기고 병고에 시달리게 되는 것이다. 이러한 이유는 사람들이 모두가 후천적인 혈기만을 쓰기 때문이다.

혈기가 왕성해지면 정기가 쇠약해지고 신체와 근골이 건장하기 못하게 된다. 이를 안타깝게 여긴 달마대사는 역근과 세수 두 경을 전수하였고, 그것을 익힘으로써 강건한 신체를 회복하여 처음 태어났을 때의 본래 면목으로 되돌아가게 하였다.

훗날 송의 악무목왕(악비장군)은 두 경에 역골을 더 보태어 역골, 역근, 세수 세 개의 경으로 만들었으며 이를 다시 권으로 만들어 세 경의 도리와 쓰임을 밝혔다. 권경에 이르기를 '정(靜)을 본체로 삼고 동(動)을 작용으로 삼는다' 하였으니, 옛적의 오금희나 팔단금의 수련법처럼 체(體)는 있으되 용(用)이 없는 것과는 다르다.

권에는 다함없는 묘용이 있는 까닭에 먼저 역골, 역근, 세수가 있음으로써 음양이 뒤섞이고 강유가 완전히 화(化)하여 소리도 없고 냄새도 없으며 텅 비어 기민한 전체를 이룬다. 그러므로 텅 비어 기민한 전체가 있어야 비로소 신묘막측한 묘용이 있게 된다. 이러한 까닭에 권이란 내외가 하나의 기운이요 동정이 하나의 근원이며 채용이 하나의 도리이다. 그러므로 정을 본체로 삼고 동을 작용으로 삼는 것이다.

사람은 천지의 축소판으로서 천지의 이치와 부합되지 않는 바가 없다. 천지의 음양변화는 모두 바뀌게 되어 있는데, 사람의 몸이 천지의 도리와 부합하거늘 몸이 허약하거나 오만하고 횡포한 기운이 어찌 바뀌지 않겠는가? 그러한 까닭에 바뀌는 도리는 약한 것을 강하게 하고 유약한 것을 굳세게 하며 어긋난 것을 조화롭게 한다. 그러므로 역골, 역근, 세수 세 경은 모두 사람의 기질을 변화시켜 태어날 때의 완전함 그 처음을 회복하게 한다. 역골이란 권 가운데의 명경이며 연정화기의 도리이다.

사람의 몸 가운데 흐트러진 기운을 단전 내부로 수렴하고 치우침 없이 조화를 이루어 흩어지지 않게 하며, 아홉 가지 요결에 따라 단련하여 육양(六陽)이 순전(純全)해지고 강건(剛健)함이 지극하게 되니 이는 권 가운데의 상하상련(上下相連)이요 수족상고(手足相顧)요 내외여일(內外如一)인 것이다. 여기에 이르면 권 가운데 명경의 공을 다 이루고 역골의 경이 완전해지며 연정화기의 공 또한 마치게 된다.

명경을 익히면 소주천이 열리고 임맥 독맥이 통한다. 임맥과 독맥이 통하면 수기가 단전에서 출발하여 회음을 거쳐 독맥을 따라 머리로 넘어와 임맥을 타고 내려오는데 수기는 곧 물을 의미하므로 임맥과 독맥이 통하여 원활히 움직이는 것을 목욕한다고 표현한 것이다. 소주천은 수차를 돌리듯 돌려야 한다. 수차를 돌리는 것이 명경이다. 수차가 돌아가면 그 사람은 비로소 고수의 대열에 들고 지혜를 얻어 성인의 반열에 오르게 된다. 이때에 이르러 비로소 몸이 완벽해지기 시작한다. 따라서 임맥과 독맥을 통하게 지도하고 도와주는 스승이야말로 큰 스승이다.

암경(暗勁)으로 유(柔)를 닦는다

암경이란 권 가운데의 유경(柔勁)이다. 유경과 연(軟)함은 같지 않다. 대개 유연하다는 말을 합해서 쓰는데 구별할 필요가 있다. 연하다는 것은 무력한 것을 말하지만 유경은 무력한 것이 아니다. 곧 연기화신과 역근의 도리이다. 먼저 명경을 연마한 다음 암경을 연마한다는 것은 곧 단도(丹道)에서 소주천(小周天)이 지화(止火)하고 다시 대주천(大周天) 공부를 한다는 의미이다.

명경에서 손이 멈추는 것은 곧 소주천의 목욕(沐浴)이다. 암경에서 수족이 멈추어도 미처 멈추지 않는 것은 곧 대주천 사정(四正)의 목욕이다. 권 가운데서 사용하는 경은 형(形) 기(氣) 신(神=意)을 합하는 것이다.

두 손으로 힘껏 뒤로 당기는 것에서(안에는 수축하는 힘이 있음) 그 의는 철사를 당기는 것 같아야 한다. 두 손으로 앞뒤로 경을 쓰는 것, 즉 왼손으로 앞으로 밀면 오른손은 뒤로 당기고 오른손을 앞으로 밀면 왼손은 뒤로 당기는 것에서 그 의는 마치 풀솜을 찢는 것과 같이 해야 한다. 또한 두 손으로 강한 활을 당기는 데 힘을 써서 천천히 벌리는 것과 같은 의이다.

오른손이 밖을 향해 옆으로 뒤집고 왼손은 안을 향해 과경(裹勁)을 사용하거나 혹은 왼손이 밖을 향해 옆으로 뒤집고 오른손은 안을 향해 과경을 사용하는 것은 마치 타형(欏形)의 두 손, 혹은 연환권의 포과권(包裹拳)을 연마하는 것과 같다. 과(裹)란 감싸서 드러나지 않게 하는 것과 같은 것이다.

두 손이 앞으로 나가는 추경(推勁)은 마치 바퀴가 달린 무거운 물건을 미는 것과 같아서 앞으로 밀어내지 못하는 의이며, 또한 밀어도 꼼짝 않는 것과도 흡사한 의이다.

두 발로 힘을 쓰는 것에서 앞발이 땅에 놓일 때는 뒤꿈치가 먼저 땅에 닿되 소리가 나서는 안 되며 그런 뒤에 발 전체가 땅에 닿는다. 여기에 쓰이는 경은 마치 손이 앞을 향해 아래로 물체를 내리누르는 것과 마찬가지다. 뒷발로 힘을 쓰는 것은 등경(蹬勁)으로써 마치 큰 걸음으로 도랑을 건너는 의와도 같다.

권경에 '발을 내딛을 때에는 의가 공에 빠지지 않는다.' '소식은 모두 뒷발로 등하는 것에 의지한다' 하였으며, '말은 발굽의 흔적을 남기는 공이 있다'며 두 발의 의를 전했다. 두 발의 진퇴는 명경과 암경 두 단계의 보법이 서로 같다. 단지 명경에서는 소리가 나는데 암경에서는 소리가 나지 않을 뿐이다.

화경(化勁)으로 대주천을 연다

화경(化勁)이란 즉 연신환허로써 세수의 공부라고도 한다. 화경은 암경을 지극히 유순하도록 연마하는 것으로써 유순이 지극한 곳이요 암경의 마지막이라고 한다. 단경(丹經)에 이르기를 음양이 뒤섞이고 강유가 완전히 화한 것을 일러 단숙이라고 한다 하였다.

유경의 마지막은 화경의 시작이다. 그러므로 향상의 공부를 보태면 연신환허를 통하여 형신의 차별이 없어지는 것(形神俱杳)과 여도합진 (與道合眞)에 이르며, 소리도 없고 냄새도 없는 곳에까지 이르게 된다. 이를 탈단(脫丹)이라 이름한다.

권경에 '권(拳)에 권이 없고 의(意)에 의가 없으니 의가 없는 가운데 참된 의가 있다' 한 것은 화경 연신환허 세수의 공을 마치게 됨을 일 컬은 것이다.

화경(化勁)은 화경(划勁)을 연마하는 것과는 같지 않다. 명경이나 암 경 또한 모두 화경(划勁)을 지녔다. 화경은 두 손의 출입과 기락이 전부 짧기 때문에 단경(短逕)이라 일컬으며, 마치 손을 벽 쪽으로 뻗어 아래로 저으면(划) 손이 다시 자신의 몸으로 되돌아오는 것과 같아서 화경이라 일컫는다.

화경(化勁)을 연마하는 것은 이전 두 단계 공부의 형식과 다를 것이 없지만 사용하는 경이 다를 뿐이다. 권경에 이르기를 '삼회구전은 일식이다' 한 것은 이 뜻이다. 삼회란 연정화기, 연기화신, 연신환허 곧 명경, 암경, 화경인 것이다. '삼회는 명경, 암경, 화경이 하나의 형식이다.' '구전이란 구전순양(九轉純陽)이다.' '화하여 허무에 이르고 순양으로 돌아간다'는 말은 이러한 이치이다.

화경을 연마할 때에는 손발의 동작을 이전 두 단계의 형식을 따르되 모두 힘을 써서는 안 된다. 그러나 공(空)을 고집하여 힘을 쓰지 않는 것도 아니다. 온몸의 안팎은 완전히 진의로써 운용해야 한다. 손발의 움직임에 사용하는 힘은 마치 있는 듯하지만 없는 듯하고, 실(實)한 듯하지만 허(虛)한 듯하여야 한다. 복내(腹內)의 기운을 사용하는 것 또한 의를 쓰지 않으면서 또한 의를 쓰지 않는 것도 아니다. 허령(虛靈)한 신(神)을 쌓는 데에만 의를 둘 따름이다.

호흡은 마치 있는 듯 없는 듯하니 단도(丹道) 공부에 있어서 양이 생겨나 충족해지면 채취(採取)하여 귀로(歸爐)하며 봉고(封固)하고 정식(停息)하여 목욕하는 때의 호흡과 같다. 따라서 있는 듯 없는 듯하니 모두 진식(眞息)으로써 일신(一神)의 묘용이다. 장자에 이르기를 '진인의 호흡은 발뒤꿈치로 한다' 한 것은 이러한 뜻이며 폐기(閉氣)가 아니다.

열심히 연마하여 중단하지 않아 지극히 허(虛)한 곳에 이르기까지 연마하여 '몸에는 몸이 없으며 마음에는 마음이 없는 곳'이라야 비로소 '형신이 모두 오묘하며 여도합진하는 경지'가 되며, 이때에는 능히 '태허(太虛=眞空)'와 한 몸이 될 수 있다.

이후에는 연허합도(練虛合道)하여 능히 적연부동(寂然不動)하며, 느끼면 곧 통하게 되므로 들어서 저절로 얻지 못하는 바가 없으며, 가서 그 도를 취하지 못하는 일이 없을 것이고, 가(可)할 것도 없으며 불가(不可)할 것도 없다.

권경에 '영근을 굳건하게 하며 마음을 움직이는 것은 무예요, 영근을 기르는 마음을 고요히 하는 것은 수도이다' 하였다. 그러므로 형의권은 단도(丹道)와 합하여 하나를 이루는 것이다.

삼체식은 모든 형식의 기초이다

형의권의 시작은 삼체식(三體式)으로써 두 발은 단중(單重)해야 하며 쌍중(雙重)해서는 안 된다. 단중이란 한 발을 땅에 대고 한 발을 들어 올리고 있는 것이 아니라 앞발은 허해도 되고 실해도 되지만 체중을 뒷발에 실은 것에 불과하다. 이후에 각 형식을 연마하는 데에도 쌍중의 초식이 있다. 비록 쌍중의 초식이라 해도 역시 단중의 무게중심에서 벗어나지는 않는다. 또한 지극히 높고 지극히 숙이고 지극히 낮고 지극히 쳐든 형식에서도 항시 삼체식 단중의 중심에서 벗어나지 않는다. 그런 까닭에 삼체식은 모든 형식의 기초가 된다.

삼체식 단중은 그 중화(中和)를 얻는 것을 시점으로 동작이 영활(靈活)해지고 형식이 일기(一氣)를 이루며 중간에 끊임이 없어진다. 쌍중 삼체식은 형식이 묵직하고 힘이 지극히 세다. 다만 음양이 나뉘지 않았으며 건곤(乾坤)이 분별되지 않았고 기우(奇偶)가 드러나지 않았다. 강유가 판별되지 않았고 허실이 분명치 않으며 내개외합(內開外合)이 명확하지 않고 진퇴와 기락의 동작이 영활하지 않다. 그러므로 형의권의 삼체식에서 단중의 중화를 얻지 못하면 선천과 후천이 교차하지 못하며, 유(柔)보다도 강(剛)이 많고 중화를 잃으며 도리 또한 밝지 못하고 변화 또한 통달하지 못하게 되어 스스로 혈기에 구속 받게 되며 졸경(拙勁)에 얽매인다.

이는 모두 삼체식 쌍중에 구속 받는 바이다. 만약 단중 삼체식에서 중화의 도리를 얻은 다음에 그것을 행하면 단중과 쌍중을 막론하고 각각의 형식은 가(可)할 것도 없고 불가할 것도 없다.

사람이 도를 멀리한다

형의권의 도는 연마하기가 지극히 쉽고도 어렵다. 쉽다는 것은 권술의 형식이 무척 간단하고 번잡하지 않아서 배우기 쉽다는 것이다. 그 권술의 시작과 마침의 동작과 운용은 모두 사람들이 행각하지 않고도 알 수 있으며 배우지 않아도 능히 할 수 있는 것이다. 온몸의 동작과 운용 또한 모두 일상의 이치이다. 다만 사람들이 아직 배우지 않았을 때는 수족의 동작과 운용에 법도가 없어서 가지런히 못하는 것이다.

가르치는 바의 것은 사람들이 생각하지 않고도 알 수 있으며, 배우지 않아도 능히 할 수 있는 평소 운용하는 형식을 법도 가운데에 들게 하여 사지가 움직여도 어지럽지 않게 한 것에 불과하다. 그러나 만약 형의권을 꾸준히 연마하여 중단하지 않는다면 공자가 말한 지선(至善)에까지 이를 수 있다.

만일 지선한 곳까지 이르게 되면 모든 형식의 운용이 도에 합하지 않는 것이 없으니 다른 사람이 보기에는 한번 동(動)하고 한번 정(靜)하며 일언(一言)하고 일묵(一默)하는 것의 운용과 오묘하고 예측할 수 없는 신기(神氣)가 있으나 자신은 권술에 뛰어난 것을 전혀 알지 못한다. 이는 동작의 운용이 모두 평범한 도리이며 사람이 하기 어려운 것을 억지로 하는 것이 없기 때문이다. 그러므로 권술은 연마하기가 지극히 쉬운 것이다.

그러나 사람들이 형의권의 도가 어렵다고 하는 것은 연마하는 사람이 권의 형식이 단순하여 멋지게 보이지 않는 것 때문에 배우기를 꺼려한다. 그로 인하여 중도에 그만두는 이가 있으며, 혹은 도리가 평범하고 기묘한 법칙이 없는 것을 싫어하는 이들은 강경(剛勁)의 기(氣)만을 좋아하고 몸 밖으로는 기이한 형태만을 힘쓴다. 그런 까닭에 일생 동안 연마하여도 중화의 도를 얻지 못하는 것이다. 따라서 높은 것을 좋아하고 먼 것에만 힘쓰며 한쪽으로 치우친 이치만을 본다면 권술의 도리를 얻는 것은 심히 어렵다.

중용에 이르기를 '사람은 먹고 마시지 않는 자가 없거늘, 능히 맛을 아는 자 드물다.' 하였고, '도는 사람에게서 멀지 않으나 사람들이 도를 행하려고 하면서 사람을 멀리한다.' 하였다.

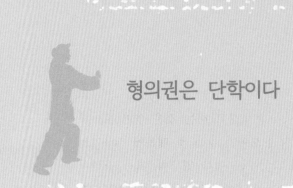

형의권은 단학이다

형의권의 도(道)는 오직 신(神)과 기(氣) 두 가지 뿐이다. 단도(丹道)는 처음부터 끝까지 호흡에 의존한다. 처음의 대소주천으로부터 환허의 공에 이르기까지 모두가 호흡의 변화다. 권술의도도 이와 마찬가지다. 다만 권술은 형체와 근골을 단련하는 공이 있다.

단도는 정중구동(靜中求動)으로써 동이 지극하면 다시 정하게 된다. 권술은 동중구정(動中求靜)으로써 정이 지극하면 다시 동하게 된다. 처음 연마할 때는 단도와 권술이 서로 다른 듯하나 환허에 이르러서는 같다.

형의권경에 이르기를 '영근(靈根)을 굳건히 하여 마음을 움직이게 하는 것은 적장(敵將)이요, 영근을 기르며 마음을 고요히 하는 것은 수도(修道)이다' 하였다. 그러므로 형의권의 도는 곧 단도의 학문(丹學)이다.

단도에 삼역(三易)이 있으니 연정화기, 연기화신, 연신환허이다. 권술 또한 삼역이 있으니 역골, 역근, 세수이다. 삼역은 곧 권 가운데의 명경, 암경, 화경이다. '권에 권이 없고 의에 의가 없으니, 의가 없는 가운데에 참된 의가 있다'라고 한 데까지 연마하면 또한 단도의 연허합도와 서로 어우러진다.

단에서는 최초에 환허의 공이 있어 허(虛)하고 정독(靜篤)한 때에 이르면 하원진양(下元眞陽)이 발동하므로 속히 회광반조(回光返照)하게 되어 신이 응집되어 기혈(氣穴)로 들어가니 숨마다 모두 뿌리로 돌아가게 된다.

신기가 아직 교차하지 않았을 때는 존신용식(存神用息)하여 면면히 이어져서 있는 듯 없는 듯하니 이것을 생각하면 이것이 있게 된다. 이는 무화(武火)를 일컬은 것이다. 신기가 이미 교차하는 때에 이르면 다시 마땅히 식(息)을 잊음으로써 채취(採取)하여 귀로(歸爐)하고 봉고(封固)하며 정식(停息)으로 목욕(沐浴)하며 기화(起火)하는 데에 다다르면 진퇴와 승강이 뿌리로 돌아간다.

동(動)하여 다시 연(煉)하고 연하여 부동에 이르는 횟수가 충족되어 지화(止火)하는 것을 일컬어 '감리(坎離)가 교합한다' 하였다. 이는 소주천이 된다.

대주천의 공부에 이르면 무는 스스로 무일 수 없어서 유가 생겨나며, 미세한 것에서 드러난 것에 이르고, 작은 것에서 큰 것에 이르며, 허에서 누적된 것에 이르지 않는 것이 없으니 모두가 호흡의 화후(火候)의 변화이다.

문무와 강유는 수시로 소식(逍息)한다. 이는 모두 순(順) 가운데 역(逆)을 사용함이며 역 가운데 순을 행함이요. 그 지나치거나 모자람이 없는 중화의 도를 사용함이다. 이는 단도의 대강만을 간략히 말한 것일 따름이다. 단도와 권술은 병행하며 어긋남이 없다. 그런 까닭에 형의권술은 거친 무예가 아니다.

훗날 형의권술을 연마하는 사람이 그 후천 혈기의 힘만을 사용하며 선천진양(先天眞陽)의 기가 있는 줄은 모를까 염려하는 까닭에 형의권술의 도를 밝히니 즉 형의권은 신과 기 두 가지일 뿐이다.

호흡은 일기관통하는 이치이다

형의권을 연마하는 데는 세 단계의 호흡이 있다. 권술 연마에 있어서 1단계의 호흡에서는 혀를 말아 올려 입천장에 댄다. 입을 벌린 듯하면서 벌리지 않은 듯하고, 다문 듯하면서 다물지 않은 듯하게 한다.

호흡은 자연스럽게 하며 호흡에 의를 두어서는 안 된다. 수족의 동작이 법칙에 들어맞기 때문에 이는 조식(調息)의 법칙이며 또한 연정화기의 공부이다.

2단계의 호흡에서 입의 개합과 혀를 입천장에 대는 등의 규칙은 앞의 것을 따른다. 다만 호흡은 1단계와 다르다. 1단계 호흡은 수족의 동작이 조식의 법직으로써 '숨이 고른 것(調息)'이다. 또한 코와 입의 호흡을 통하여 안팎을 통하게 하는 것에 불과하다. 그러나 2단계 호흡에서는 뜻을 단전의 내호흡에 둔다. 이는 태식(胎息)이라고도 이름하며 연기화신의 이치이다.

3단계의 호흡에서는 위 두 단계의 의와는 또 다르다. 앞의 1단계는 명경이며 바깥으로 형태를 지니고 2단계는 암경으로써 안으로 형태를 지닌다. 그러나 3단계의 호흡은 비록 있다고 해도 없는 듯하니 잊어서도 안 되고 도와서도 안 된다는 뜻으로써 곧 신화(神化)의 묘용이다. 심중(心中)은 텅텅 비어 있어도 안 되고 없어도 안 되며, 유도 아니고 무도 아닌지라 소리도 없고 냄새도 없는 환허의 도인 것이다.

이 세 종류의 호흡은 권술을 연마하는 데 있어서 시종본말의 순서로써 곧 일기관통(一氣貫通)하는 이치이며 유에서 무로 화하는 도이다.

권은 정기를 보존한다

사람이 아직 권을 배우기 전에는 수족의 동작이 그 후천적인 자연의 성품을 따르는지라 건장하였다가 늙어지며 죽음에 이르게 된다. 수행자들은 선천을 거꾸로 운행하여 건곤(乾坤)을 뒤바꾸고 기기(氣機)를 비트는 것으로 장생의 술(術)을 구한다.

권술도 마찬가지이다. 처음 평상적인 자연의 도리를 거꾸로 되돌려 그 기를 정에서 동으로, 그리고 다시 동에서 정으로 운행하는 삼체식을 이루어 냈다.

삼체식의 자세는 두 발에서 앞을 허하게 하고 뒤를 실하게 한다. 몸을 숙이거나 쳐들지 않으며 왼쪽으로 기울지도 오른쪽으로 비스듬하게 하지도 않는다. 심중은 텅 비워서 지극히 고요하게 하여 어떠한 것도 없어야 한다. 소금의 혈기노 ㄱ 안에서 작용하민 안 되며, 온전히 자연의 허령한 본체에 맡겨야 한다. 본체에 접한 다음 다시 동을 싹틔워 연마하는 것은 권 가운데 자연스러움에 맡긴 참된 경(勁)으로써 사람의 본성이라 일컫는다. 이는 환허의 이치라고도 일컬으며, 선(善)을 밝혀 처음을 회복하는 도라고도 한다.

삼체식 가운데의 영묘함은 진전되지 않으면 알 수 없다. 그 안의 뜻은 단도의 '현관을 점하는 것(點玄關)'과 대학(大學)에서 말하는 '덕을 밝히는 것'과 맹자가 말하는 '호연지기를 기르는 것'과 흡사하다.

또 하도의 '중오(中五)의 한점(點), 태극의 '선천지기(先天之氣)'와 부합한다.

삼체식 자세의 '중(中)'은 몸에서 두 발로 균등하게 선 상태인 '중'을 의미함이 아니다. '중'이란 법도의 법칙을 사용하여 몸 안에서 밖으로 흐트러지는 영기(靈氣)를 거두어 안으로 되돌리는 것이다. 정기(正氣)가 처음을 회복하면 혈기는 자연히 그 안에 남아있지 않아서 심중이 텅 비게 된다. 이를 일컬어 '중'이라 하고 또 도심(道心)이라 일컬으니, 이로 인하여 다시 동하게 되는 것이다. 단서(丹書)에 이르기를 '정(靜)은 곧 성(性)이며, 동(動)은 곧 의(意)이며, 묘용(妙用)은 곧 신(神)이다' 하였다. 그러므로 권술에서 다시 동하여 연마하는 것을 일컬어 '선천의 진의'라 하였다. 즉 신체와 수족의 동작은 유형지물로써 이를 일컬어 후천이라 한다.

후천의 법도와 법칙에 부합한 것을 형용하여 '선천의 진의'요, '최초의 환허(還虛)로부터 말후의 환허에 이르기까지 끊임없이 순환하는 이치'요, '소리도 없고 냄새도 없는 덕(德)'이라 하니 이를 모두 이름하여 형의권의 도라 한다.

그 권술은 최초에 쌓은 진의와 기(氣)가 충만하기에 이르면 중립하여 기대지 아니하며, 조화를 이루어 흩어지지 않으며 형상이 없나니 이를 일러 권 가운데의 '내경(內勁)'이라 한다. 내가권이란 이름은 이러한 이치에서 비롯한다.

그 권 가운데의 내경을 처음 연마하게 되면 사람들은 그러한 연유가 되는 이치를 알지 못한다. 그 이치는 매우

미묘하기 때문에 자칫 잘못된 길에 들어설 수 있다. 초학 입문에는 삼해(三害)1)와 구요(九要)2)의 법도가 있으니, 삼해를 범하지 말 것이며 구요가 그 이치를 잃지 않아야 한다.

---

1) 삼해(三害): 노기(努氣) 졸력(拙力) 정흉제복(挺胸提腹).
2) 구요(九要): 탑(塌) 구(扣) 제(提) 정(頂) 과(裹) 송(松) 수(垂) 축(縮) 기찬낙번(起躦落翻).

호흡을 자연스럽게 두고
기운을 단전으로 이끌어라

　수족의 동작이 법도에 들어맞아 삼체식의 본체를 잃지 않음을 일
컬어 '조식(調息)'이라 한다. 연마할 때 입은 벌린 듯하면서 벌리지 않
은 듯하며, 다문 듯하면서 다물지 않은 듯하여 자연스럽게 둔다. 혀
는 입천장에 대고 콧구멍으로 숨이 나가게 한다. 평소 연마하지 않을
때나 이제 막 연마를 마치고 수식을 할 때는 입을 다물고 벌어지게
해서는 안 되며, 매 순간마다 콧구멍으로 숨이 나가도록 해야 한다.
말하거나 밥을 먹거나 차를 마실 때 외에는 입을 벌려서는 안 된다.
이 외에는 항시 혀를 입천장에 대고 입을 다물어 콧구멍으로 숨이 나
가게 한다. 심지어 누워 잠을 자더라도 이와 같이 해야 한다. 수족이
서로 합하고 기락과 진퇴가 한결 같아지기까지 연마한 것을 일컬어
'숨이 고르다(息調)'고 한다. 수족의 동작이 만약 법도에 맞지 않으면
상하가 가지런하지 못하고, 진퇴하는 보법이 어지러워짐으로써 들숨
과 날숨을 고르지 않게 만들어 날숨이 거칠어져 가슴이 답답해지기
에 이르니 모두가 기락과 진퇴, 수족과 보법이 법도에 맞지 않는 까
닭이다. 이를 일컬어 '숨이 고르지 못하다'고 한다. 숨이 고르지 못하
면 권과 신체가 순조로울 수 없다.
　권의 내경은 사람의 밖으로 흩어진 신기를 권 중의 법도와 수족의
동작을 통하여 단전 안으로 거두어들여 점차 쌓아 이루는 것이다. 순

가운데 역을 사용하여 단전 안으로 신기를 거두어들여 단전의 원기와 교차하게 하면 무에서 유, 미세한 것에서 드러난 것, 허한 것에서 실한 것에 이르니, 이를 일컬어 권의 내경이라고 한다.

단서에 이르기를 '범인(凡人)의 호흡으로부터 진인(眞人)이 내쉬는 곳을 찾는다' 하였고, 장자에 이르기를 '진인의 호흡은 발뒤꿈치로 한다' 하였으니 바로 이 뜻이다.

권술에서 호흡을 고르는 것은 후천의 음기를 쌓는 것으로부터 한다. 만일 아랫배가 돌처럼 단단해지기에 이르면 이는 후천지기를 억지로 쌓은 결과이다. 억지로 힘을 주어 아랫배를 단단하게 하거나 불룩하게 단련시키는 것은 사기(邪氣)를 쌓는 것이다. 항상 호흡을 자연스럽게 두고 진의의 원신(元神)을 통하여 기운을 단전으로 이끌면 배는 비록 실하여도 허(虛)한 듯 있어도 없는 듯하다.

노자에 이르기를 '끊임이 없이 이어져 마치 있는 듯 없는 듯하다' 하였다. 또한 '그 마음을 비우면 영성이 어둡지 않으며, 도심을 일으키면 정기가 언제나 있다(虛其心. 而靈性不味. 振道心. 正氣常存)'한 것은 이 뜻이다. 이 이치는 곧 권 가운데 내경의 의미이다.

권(事)에 권이 없고 의(意)에 의가 없다

형의권의 용법에는 삼단계가 있으니 '형태와 상이 있는 쓰임(有形有相之用)'이 있으며, '이름과 상은 있되 흔적이 없는 쓰임(有名有相無迹之用)'이 있고, '소리와 이름은 있되 형태가 없는 쓰임(有聲有名無形之用)'이 있으며, '형태도 없고 모습도 없고 소리도 없고 냄새도 없는 쓰임'이 있다.

권경에 이르기를 기(起)는 마치 강좌와 같다. 기는 간다는 것이다. 낙(落)은 마치 구간과 같다. 낙은 되돌아온다는 것이다. 아직 기하지 않은 것은 마치 취하고자 가려는 것과 같고, 아직 낙하지 않은 것은 떨어뜨리려는 것과 같다. 기는 화살과 같고, 낙은 바람과 같으니 바람과 달을 쫓으려면 느슨하여서는 안 된다. 또한 기는 바람과 같고, 낙은 화살과 같으니 쳐서 쓰러뜨리려면 태만하면 안 된다. 다리로 치는 것은 칠할이요 손은 삼할이다. 오행과 사초를 합하여 완전하게 한다. 기운이 연이으니 심의는 때를 쫓아서 사용한다. 강하게 치며 강하게 나아가니 가로막는 것이 없다.

사람을 치는 것은 길을 달리 듯하고 사람 보기를 잡초와 같이 대하니 담(膽)에서는 바람이 울리는 듯하다. 일어나고 거둠이 화살이 뚫듯이 하고 '나아가도 이기지 못한다면 겁내는 마음을 품은 것이다' 하였다. 이는 첫 단계인 명경의 '형태와 상이 있는 쓰임'이다.

암경에 이르렀을 때는 용법이 더욱 묘해진다. 기는 마치 복룡이 하늘로 오르는 듯하고, 낙은 벽력이 땅을 때리는 듯하다. 기는 형체가 없고 낙은 종적이 없다. 뜻을 일으킴은 마치 회오리바람과 같다. 기하여도 기하지 않으니 어찌 다시 기를 사용할 것이며, 낙하여도 낙하지 않으니 어찌 다시 낙을 사용할 것인가. 낮음에서 바라보는 것은 높음이요, 높음에서 바라보는 것은 낮음이다. 기락을 행하는 것은 마치 파도를 뒤집는 것과 같다. 솟구치거나 솟아오르지 않으면 일촌을 앞선다. 발로 치는 것이 칠할이요, 손은 삼할이다. 오행(五行)과 사초(四梢)를 합하여 온전케 한다. 기운이 연이으면 심의는 언제라도 사용한다. 몸의 자세를 무너뜨리니 가로막는 것이 없다 하였다. 이는 둘째 단계인 암경의 '형태와 흔적이 있는 듯 없는 듯한 쓰임'이다.

'권에 권이 없고 의에 의가 없으니 의가 없는 가운데 참된 의가 있다. 권타(권을 사용함)에서 삼절은 형체가 보이지 않아야 하니, 만일 형체가 보이면 능하지 못한 것이다. 언제라도 발하니 일언일묵하며 일거일동하며 걷고 멈추고 앉고 눕고 심지어는 먹고 마시고 차를 즐기는 사이에도 모든 것이 쓰임이다. 사람이 있는 곳이나 사람이 없는 곳이나 쓰임이 없는 곳이 없다. 그러므로 들어서서 저절로 얻지 못하는 바가 없으며, 가서 그 도를 얻지 못하는 일이 없으니 곧 적연부동하며 곧 통하는 것을 느끼게 된다.' 하였다. 이는 모두 화경(化勁)의 '신화의 쓰임(神化之用)'이다.

그러나 사용하는 허실과 기정(畸正)에서는 또한 전적으로 의를 두어 기정과 허실을 사용해서는 안 된다. 허란 전적으로 상대에게 허를 사용하는 것이 아니다. 자신의 손을 상대 손 위에 두고 경을 사용하여 당겨오는 것이 구간을 거두는 것과 같은 것을 일컬어 실이라 하며 자신의 손을 상대의 손 아래에 두고 경을 사용하여 당겨오면 상대의 손이 나의 손에 닿지 못하는 것을 일컬어 허라 하는 것이니, 전적으로 의를 허실에 두는 것이 아니며 상대의 형식에 감촉되는 것이다. 기정의 이치 또한 그러하다.

　기에는 정하지 않은 것이 없고, 정에는 기하지 않은 것이 없다. 기중에 정이 있고 정중에 기가 있다. 기정의 변화는 순환이 끊이지 않는 것과 같이 쓰임이 다하지 않는다. 권경에 이르기를 '권이 나가면 그냥 돌아오는 법이 없다. 그냥 돌아오는 것은 전혀 기하지 않다(拳去; 之空回, 空回總不奇)'한 것은 이 뜻이다.

하나를 얻으면 만사를 마친다

형의권술의 명경은 소학의 공부이다. 진퇴와 기락과 좌전(左轉)과 우선(右旋)의 형식이 중간 중간에 끊어짐이 있다. 그러한 까닭에 소학이라 한다.

암경은 대학의 도이다. 상하상련(上下相連)하고 수족상고(手足相顧)하며 내외여일(內外如一)하고 순환무단(循環無端)하며 형식에 끊어짐이 없어 대학이라 일컫는다. 이 비유는 권이 그렇게 되는 이치를 밝게 드러나도록 한 것이다.

논어에 이르기를 하나로 '꿰뚫는다(一以貫之)'라고 하였다. 권 또한 하나로 꿰뚫은 도를 추구한다. '음양이 뒤섞이고 강유(剛柔)가 서로 합해서 내외가 하나로 되는 것'을 일컬어 화경이라 하며, 신화(神化)를 사용함으로 '소리도 없고 냄새도 없는 덕(德)'에 이른다. 맹자에 이르기를 '커서 화한 것을 일컬어 성이라 하며, 성(聖)스럽지만 알 수 없는 것을 일컬어 신(神)이라고 한다.' 하였다. 단서에 이르기를 '형신의 구별이 없어지는 것은 여도합진의 경지이다(形神具杳, 乃與道合眞之境)' 하였다.

권경에 이른바 '권에 권이 없고 의에 의가 없으며, 의가 없는 가운데 참된 의가 있다' 하였다. 이와 같은 사람은 보지 않아도 펼쳐지고, 움직이지 않아도 변하며, 하지 않아도 이루고, 적연부동(寂然不動)하여 느끼면 곧 통한다. 노자에 이르기를 '그 하나를 얻으면 만사를 마친다(得其一而萬事畢)' 하였다. 사람이 그 하나를 얻은 것을 일컬어 '크다'고 한다.

권 가운데의 내외여일(內外如一)한 경을 상대에게 사용하면 강해야 할 곳에서 강하고, 유해야 할 곳에서 유하며 재빠르게 변화한다. 들어가 저절로 얻지 못함이 없으며 또한 가할 것도 없고 불가할 것도 없으니 이를 일컬어 하나로 꿰뚫는다고 한다.

하나의 쓰임은 비록 숙련되었다 하여도 여전히 하나의 흔적이 남아 아직도 지극히 묘한 곳에는 이르지 못한다. 하나마저 화하여 지극히 허무해지는 경지에 이르는 것을 일컬어 '지성(至誠)'이요 '지허(至虛)'요 '지공(至空)'이라 한다. 이처럼 커서 화한 것을 일러 성(聖)이라 하며, 성스러워서 알 수 없는 것을 일러 신이라 하는 신(神)의 도리를 얻는다.

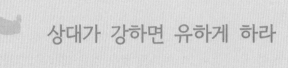

상대가 강하면 유하게 하라

권술의 도는 자신의 몸을 단련하여 병을 물리치고 수명을 늘리는 것에는 어려울 것이 없으나, 남과 겨루는 데 이용할 경우에는 결코 쉬운 것이 아니다. 남과 겨루기 위해서는 가장 먼저 우선적으로 삼가고 신중한 마음자세로 나를 알고 남을 알아야 한다. 절대로 교만해서는 안 된다. 교만하면 반드시 패하는 법이다.

만일 서로 아는 사람이라면 오랫동안 함께 있었기 때문에 상대가 어떤 권을 연마하는지, 기예가 깊은지 얕은지 알며, 발을 사용하기 좋아하는지 아니면 손을 잘 사용하는지 대략적으로 모두 알고 있으므로 승부를 쉽게 단정 짓기 어렵다. 그러나 처음 만나서 서로 알지 못하는 사람이라면 서로가 어떤 권을 연마하였는지 어떤 방법을 사용하는지 알지 못하지만 외형에서 이미 승부를 판단할 수 있다. 교수(交手)할 경우 숙련도가 얕은 사람은 서 있는 모습부터 뒤떨어진다. 물론 서로가 다 고수라면 이 또한 승리를 점치기가 쉽지 않다.

따라서 지혜로운 사람이라면 처음 만났을 때 먼저 상대방의 신색은 허령한가, 기색은 웅후(雄厚)한가, 몸의 활력이 넘치는가를 살펴야한다. 다음으로는 그 말투가 겸허한가 혹은 자만한가, 그 말하는 바가 그 사람의 신기와 형체와 동작에 들어맞는가를 살필 것이다. 이세 가지를 본다면 상대의 기예에 대해 능히 그 대략을 알 수 있다.

겨룰 때에는 상대가 먼저 움직이든 혹은 자신이 먼저 움직이든 간에 지세에 멀고 가까움, 위험하고 이로움, 넓고 좁음, 생과 사를 판별하여야 한다. 만일 두 사람의 거리가 지극히 가깝다면 상대가 주먹을 내지르든 발을 차내든 모두 내 몸을 상하게 할 수 있다.

권경에 이르길, '눈은 독해야 하고, 손은 간교해야 한다. 간교하다는 것은 교묘하다는 것이다. 발은 중문을 밟아 안으로 파고든다. 눈에는 감찰의 정이 있고, 손에는 비켜내는 능력이 있으며, 다리는 이동하는 공이 있어야 한다. 두 팔꿈치는 옆구리를 떠나지 않고 두 손은 심을 벗어나지 않으며 출동과 입동은 몸에 항상 붙어서 따라야 한다. 또한 방비가 없는 곳을 노려 공격하며 불시에 출수한다는 것처럼 해야 한다'고 했으니, 이는 '가까운 거리는 빠름으로 상대하라(近地以速)'는 뜻이다.

두 사람이 서로 떨어진 거리가 3, 4보 혹은 5, 6보 정도로 멀면 바로 달려들어서는 안 된다. 상대가 힘을 비축하며 기다리고 있다가 자신이 공격하기도 전에 상대가 먼저 공격해 올지도 모르기 때문이다. 그러므로 막 움직이려고 할 때에는 신기(神氣)를 밖으로 드러내지 말고 마치 아무 뜻이 없는 듯한 형세로 천천히 상대에게 가까이 다가가 틈을 봐서 사용한다. 상대가 움직이려는 기미가 드러나면 자신은 즉각 빠르게 장(掌)이나 권(拳)으로 왼쪽을 따라 왼쪽을 치거나 오른쪽을 따라 오른쪽을 친다.

상대의 강유와 자신의 진퇴와 기락이 변화해도 항상 기미를 보아 행한다. 이를 일컬어 '먼 곳은 완만함으로 상대하라(遠地以援)'고 하는 것이다. 자신이 서 있는 자리의 지세가 유리하든 불리하든 모두 상대를 따라 사용해야지 한 가지에 얽매여서는 안 된다.

상대와 겨룰 때에는 상대의 강유와 힘이 센가 혹은 간교한가를 보아 상대가 강하면 나는 유하게 하고, 상대가 유하면 나는 강하게 하며, 상대가 높으면 나는 낮추고, 상대가 낮으면 나는 높이며, 상대가 길면 나는 짧게 하고, 상대가 짧으면 나는 길게 하며 상대가 개(開)하면 나는 합(合)하고, 상대가 합하면 나는 개한다. 내가 개하든 합하든 강하든 유하든 오르든 내리든 짧든 길든 오든 가든 간에 정해놓고 써서는 안 된다. 반드시 상대의 정황을 보아서 행한다면 비록 상대에게서 승리를 얻지 못한다 하여도 어이없이 상대에게 패하는 일은 없을 것이다. 결론적으로 삼가 신중함이 핵심이다.

고집불통하지 마라

권경에 이르기를 '상하상련(上下相連)하고, 내외합일(內外合一)한다'
하였다. 일반적으로 상하는 머리와 다리라고 하기도 하고 수족이라고
도 한다.

권 가운데의 도리에 따라 말하면 호흡의 기가 위로 오르는 것과 호
흡의 기가 아래로 내려가는 것이 서로 접하는 것이다. 이것이 상하상
련이며 심신상교(心腎相交)이다.

내외합일은 심중(心中)의 신의(神意)가 아래로 해저(海底=丹田)를 비
추고, 복내(腹內)는 정(精)이 지극해져서 동(動)하여 해저의 기가 조금
씩 아래에서 위로 올라가 신의와 서로 교차하여 다시 단전 가운데로
돌아가며, 운용하면 온몸을 꿰뚫어 사지까지 골고루 퍼져 융화되는
것이다. 이와 같이 되어야 비로소 상하상련하고 수족상고하며 내외가
합하여 하나가 되는 것이다.

권을 연마할 때는 고집불통(固執不通)해서는 안 된다. 만일 힘만을
구하면 힘에 얽매이게 되며, 기운만을 구하면 기운에 얽매이게 된다.
만일 묵직함만을 구하면 묵직함에 매여 늘어지며, 가벼움만을 구하면
신기는 가벼움에 의해 흩어지게 된다.

그렇기 때문에 사용하는 형식이 순조로우면 자연히 힘이 있을 것
이요, 내부가 중화를 이루면 자연히 기가 생길 것이요, 신의가 단전

으로 돌아가면 몸은 자연히 태산처럼 묵직할 것이요, 신기를 하나로 합하면 화하여 허공을 이루면 몸이 깃털처럼 가벼울 것이다. 그러한 까닭에 이는 무작정 구하여서는 안 된다.

비록 구하여 얻은 바가 있다면 있어도 없는 듯하고 실하여도 허한 듯하며, 잊어도 안 되고 도와도 안 되며, 억지로 하지 않아도 들어맞고 생각하지 않아도 얻는 '종용중도(從容中道)'일 따름이다.

만법은 횡 안에서 길러진다

형의권술의 횡권(橫拳)에는 선천의 횡, 후천의 횡, 일행(一行)의 횡이 있다. 선천의 횡이란 정에서 동에 이르는 무형의 횡권이다.

횡이란 중(中)이다. 역에 이르기를 '황중에 위치하며 이치에 통하여 바른 자리에 체를 둔다(黃中通理 正位居體)'한 것은 곧 이러한 뜻이다.

권경에 이르기를 '기는 형체가 없다. 기는 횡이다(起無形 起爲橫)'한 것이 모두 이것이다. 이 '기'는 내부의 기이다. 허무로부터 유가 생겨나고, 진의가 싹트는 때를 권에서 횡이라 일컬으며 또한 기라고 일컫는다.

이 횡은 이름이 있으나 형체는 없는 것으로 모든 형체의 모체이다. 만물은 모두 그 안에서 길러진다. 그 횡은 곧 권 가운데의 태극이다. 후천의 횡이란 권 가운데 외형의 수족을 움직이는 것을 이름하여 횡이라 하였다. 이 횡은 이름과 초식은 있으나 횡의 상은 없다. 머리와 수족 어깨 팔꿈치 고(胯) 무릎을 이름하여 칠권(七拳)이라 하는데, 외형의 칠권을 움직이는 것을 이름하여 횡이라 하며 또한 모든 초식의 근간이 된다. 만법 또한 모두 그 안에서 생겨난다.

연허합도(練虛合道) 하라

형의권의 첫 단계인 명경을 일컬어 '연정화기'라고 하는데, 단도(丹道) 가운데의 '무화(武火)'이다. 제2단계 암경을 일컬어 '연기화신'이라고 하는데 단 가운데의 '문화(文火)'이다. 제3단계 화경을 일컬어 '연신환허'라 하는데 단 가운데의 화후순(火候純)'이다.

화후순하면 내외일기(內外一氣)를 이룬다. 다시 경도 없고 화도 없는 것을 연마하는 것을 일컬어 '연허합도'라 하며 행주좌와(行住坐臥) 일언일묵(一言一默)함에 가서 도와 합하지 않는 바가 없다.

권경에 이르기를 '권에 권이 없고, 의에 의가 없으니 의가 없는 가운데 참된 의가 있다'라고 하였다. 여기에 이르면 소리도 없고 냄새도 없는 덕에 이른 것이다.

옛사람이 시로써 읊기를 '도(道)는 본래 자연의 한 기운이 운행하는 것이다. 허허롭고 고요한 것은 가장 구하기 어려우나 얻고 나니 만법이 모두 쓸모없구나. 신형(身形)은 마땅히 항시 물이 흐르는 것과 같을 진저' 하였다.

구궁도(九宮圖)는 천하를 주름잡는다

　권의(拳意)의 도는 대개 모두가 하도(河圖)와 낙서(洛書)의 이치이다. 그것으로써 상을 취하고 이름을 붙였으며, 수(數)와 이(理)를 겸비하여 동작의 자연스러움을 따라 법칙으로 제정하고 사람의 몸으로써 힘써 그것을 행한다.

　옛사람이 이르기를 '하늘에는 팔풍(八風)이 있으며 역에는 팔괘(八卦)가 있고 사람에게는 팔맥(八脈)이 있으며 권에는 팔세(八勢)가 있다'고 하였으니, 이로써 권술에는 팔괘의 변화가 있다.

　팔괘는 원(圓)의 상(象)을 지녔다. '하늘에는 구천(九斤)이 있으며 별에는 구야(九野)가 있다. 땅에는 구천(九泉)이 있으며, 사람에게는 구규(九竅)가 있고, 권에는 구궁(九宮)이 있다'라 하였다. 그런 까닭에 권에서는 구궁의 방위가 있다. 구궁은 방향의 의미가 있다.

　옛사람들은 구부(九府)로써 환법(圜法)을 만들었으며, 구실(九室)로써 명당(明堂)을 삼았고, 구구(九區)로써 공부(貢賦)를 삼았으며, 구군(九軍)으로써 진법(陣法)을 삼았고, 구규와 구수로써 권법을 삼았으니, 아홉을 사용하지 않은 것이 없으며 그 이치 또한 오묘하다. 여기서 구수란 아홉 마디이다. 머리는 초절(梢節)이요, 심(心)은 중절(仲節)이요, 단전은 근절(根節)이다. 손은 초절이요, 팔꿈치는 중절이요, 어깨는 근절이다. 발은 초절이요, 무릎은 중절이요, 고(胯)는 근절이다.

셋씩 셋이니 아홉 마디이다. 구궁도의 모태인 하도와 낙서는 모두 천지자연의 수로부터 나왔으며, 우(偶)의 범(範)과 대요(大堯)의 역(歷)은 모두 성인이 하늘로부터 얻은 심법이다. 구궁도의 이치 또한 이로부터 나왔으며, 운용은 신묘하고 변화막측하다. 이 그림 구궁도(九宮圖)의 도는 어리석은 이도 능히 익힐 수 있으나, 지극한 곳에 이르면 비록 성인이라 하더라도 알지 못하고 능하지 못한 부분이 있을 수 있다.

이 그림의 형식은 비구궁(飛九宮)의 도이니 1로부터 9에 이르고 다시 9에서 1로 돌아가는 이치이다. 장대 아홉 개를 사정으로 네 개, 사우로 네 개, 한가운데에 한 개를 세우는데, 가늘든 굵든 관계없다. 처음 연마할 때는 장소가 넓고 장대 사이의 거리가 멀어야 한다. 대체로 한 장(丈) 너비의 방형(方形)이지만 한 장이 넘거나 두 장이거나 간에 거리에는 관계없다. 연마하여 숙달되면 점차 줄어들어 두 장대 사이의 거리가 겨우 몸 하나 빠져나갈 정도로 줄어도 오가는 모습은 물 흐르는 듯이 자유롭게 회전하여 세워둔 장대가 걸리적거리지 않게 된다.

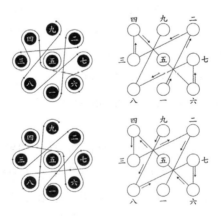

구궁도

장대를 따라 도는 형식은 12형을 사용하는데 마치 요자입림(鷂子入林)에서 번신(飜身)하듯이 교묘하며, 뱀이 풀을 헤치며 굴로 들어가는 듯 오묘하고, 원숭이가 훌쩍 뛰어다니듯 영활하니 각 형식의 교묘함은 없는 것이 없다. 이 그림의 효과로는 권을 할 줄 모르는 사람이라도 법칙에 따라 실행하면 음식물을 잘 삭히고 혈맥이 잘 유통될 것이다.

만일 권을 연마하면서도 보법이 원활하게 움직이지 않는 사람이 실행하면 원활히 움직일 것이며, 권술을 연마하면서도 얽매이는 바가 있는 사람이 실행하면 영활하게 통할 것이고, 권술을 연마하면서도 마음속으로 고집하는 사람이 실행하면 영묘해질 것이다. 남녀노소 모두 이것을 행하면 병을 물리치고 수명을 늘리며 몸을 강건하게 하는 등 그 묘술을 말로 이루 다 헤아릴 수 없다.

권경에 이르기를 '권을 하는 것은 길을 가듯 하며, 사람 보기를 잡초 보듯 하라, 무예의 모든 도에는 올바른 길이란 없으니, 뜻에 따라 변화가 무궁하다, 내 어찌 어린아이의 놀이와 같은 것이 천하를 주름잡는 참된 형태인 줄 알았겠는가' 하였다.

이 그림은 수학에 밝은 자라면 그 이치를 깨우칠 것이요, 팔괘권을 연마하는 자는 능히 이 그림의 도에 통달할 것이다. 이 그림은 또한 놀이와 운동으로 삼을 수도 있다.

구궁도를 연마할 때는 혀를 입천장에 갖다 대야 한다. 권을 연마할 줄 모르는 사람은 실행할 때 두 손의 움직임은 편한 대로 해도 좋다. 만약 권을 할 줄 아는 사람이라면 자신이 할 줄 아는 법칙에 따라 운용하여도 된다. 좌전(左轉)이든 우선(右旋)이든 어떻게 움직이든 간에 두 손과 몸으로 세워둔 장대를 흔들리게 하지 않는 것이 핵심이다.

이 그림은 단지 몸을 움직이는 데에 그치는 것이 아니며, 검술의 법 또한 그 가운데에 담겨 있다. 아홉 개의 장대는 사람의 키보다 약간 높은 것이 좋다. 아홉 개의 흙 받침이나 나무 받침에 장대를 꽂으면 움직여가며 연마할 수 있기 때문에 사용할 때에는 구궁에 따라 펼쳐 놓았다가 연마하지 않을 때에는 한 곳에 모아둘 수 있다. 만일 정말로 장대를 구할 수 없을 때에는 벽돌을 구궁에 따라 펼쳐 놓아도 된다. 만일 벽돌도 없다면 동그라미를 아홉 개 그려놓고 실행해도 안 될 것 없다. 어쨌든 장대를 가지고 연마하는 것이 가장 묘하다.

이 법을 연마할 때 처음에는 123456789의 순서로 하고, 되돌아서 987654321의 순서로 한다. 구궁도의 바깥쪽 사정과 사우의 여덟 개 장대는 팔괘로 비유하며, 한가운데의 장대를 합쳐 모두 아홉 개의 문으로 비유한다. 만약 익숙하게 연마하면 어느 문이든 간에 시작점으로 삼을 수 있으며, 만약 원점으로 돌아가고자 하면 중문, 즉 중오궁(中五宮)을 떠날 수 없다. 실행할 때에는 1에서 2로 가고, 2에서 3으로 가는 식으로 9까지 가고, 되돌아서 9에서 8로 가고, 8에서 7로 가는 식으로 거꾸로 1로 돌아간다.

구궁도에서 원 하나는 장대 하나이며, 행하는 순서는 1에서 9에 이르고, 9에서 1로 되돌아가는 것은 행하는 순서이다. 이름하여 '비구궁'이라 하고 또한 '음팔괘(陰八卦)'라 하며, 하도의 이치가 안에 담겨 있으며 낙서의 도가 밖으로 형태를 띤다. 따라서 권의 도는 체와 용을 함께 갖추며 수(數)와 리(理)를 겸비하고 성과 명을 동시에 닦으며(性命雙修) 건과 곤이 서로 교차하고(乾坤相交) 안과 밖이 합하여 하나를 이루는 것이다.

구궁도를 연마할 때의 의는 아홉 개의 장대를 아홉 명의 사람으로 여긴다. 마치 한 사람이 아홉을 상대하는 것과 같이 좌우로 돌고 구부리고 펴며 오가고 날고뛰며 변화하고 피하고 구르며 움직인다. 그 가운데의 법칙은 법도에 따르며 그 가운데의 묘용은 스스로 깨달아야 한다.

구궁도의 도는 또한 건곤 두 괘의 이치와 조화를 이루어 64괘의 식이 모두 그 가운데에 포함되어야 한다. 사람들 중에 현명한 자는 그 큰 것을 알 것이요, 현명하지 않은 자는 그 작은 것을 알 것이니 얻은 것에는 권술의 오묘한 도가 없는 것이 없다.

병을 물리치고 수명을 늘린다

형의권의 도는 실로 병을 물리치고 수명을 늘리며 수도하는 학문이다. 이 권법의 도는 기운을 기르고 몸을 닦는 이치로써 실로 확실한 근거가 있으며, 진정으로 선단(仙丹)을 복용한 것과 같은 효험이 있다. 다만 권법을 연마하기는 쉽되 도를 얻는 것은 어려우며 도를 얻기는 쉬우나 도를 지키는 것은 더욱 어렵다.

따라서 권법을 연마함에 있어, 첫째, 진전(眞傳)을 얻어 권법을 연마하는 법도를 정확하게 알고 순서에 따라 연마하여야 한다. 둘째, 진실로 아끼고 사랑해야 한다. 셋째, 항심을 가져야 하며 자신이 평생토록 수양하는 과목으로 삼아야 한다.

이 셋을 지키지 않고서는 '마음이 없으면 보아도 보이지 않고, 들어도 들리지 않고, 먹어도 그 맛을 모른다(心不在焉 視而不見 聽而不聞, 食而不知其味)' 한 것처럼 비록 평생토록 연마하여도 얻는 바가 없다.

비록 지성으로 항심을 가지고 연마한 도리에 조금이나마 얻은 바가 있어도 또한 스스로 자만해서는 안 되며, 연마한 형식과 도리는 또한 종종 스승이나 나이 많은 선배에게 보아 달라고 해야 한다.

옛사람이 이르기를 '사람은 성현이 아니고서는 그 누가 과오가 없으랴' 하였다. 만일 자만한다면 오랜 시일이 걸려서 얻은바 도리는 또한 종종 잃어버리게 된다. 도리를 잃게 되면 권술은 수 없는 병을 얻게 된다. 권술의 병은 약을 먹어서 낫는 병이 아니다.

만일 드러난 병이라면 그나마 고치기가 쉬우며, 스승의 공부 정도나 도리의 깊이에 관계없이 바로잡을 수 있다. 그러나 만일 암장착종(暗藏錯綜)의 병이라면 스승의 깊은 도리와 풍부한 경험을 얻지 못하면 이러한 병은 다스릴 수 없다.

착종의 병이란 머리의 병이 머리에 있지 않고, 발의 병이 발에 있지 않으며, 몸 안의 병이 몸 안에 있지 않고, 몸 밖의 병이 몸밖에 있지 않은 것이다. 암장의 병이란 마치 숨은 듯 드러난 듯, 있는 듯 없는 듯하여 이 병은 평범한 수준의 연마한 사람도 병이 있는지 알아보지 못하며, 스스로도 잘못이 없다고 여겨서 마음속으로는 자신이 연마한 도리가 능숙해졌다고 생각한다. 어찌하여 자신의 병이 더욱 깊어진 것을 모르겠는가. 명확한 도리를 깨우치고 도가 깊은 곳에 이른 사람이 아니면 이러한 병을 고치지 못한다.

만일 그렇게 하지 않으면 밤낮으로 연마한다고 해도 평생토록 정도에 들지 못한다. 이를 일컬어 '속자연경(俗自然勁)'이라 하며, 붓글씨는 열심히 익혔으나 속파(俗派)에 빠져 시종 크게 발전하지 못하는 것과 마찬가지 현상이다.

따라서 권술을 연마함에 있어서는 뛰어난 기술을 연마하고, 남과 겨룰 때도 용감함을 다 한다면 열 사람 가운데 7~8명 정도는 성취할 수 있다. 그러나 자신의 공부가 지극히 원숙하고 몸의 동작이 조화롭고, 이치를 풀어내는 데 있어서도 지극히 밝고 상세하여 남을 깨우치게 하며 후학들의 본보기가 될 수 있는 사람은 열 사람 가운데 한두 사람도 얻기 힘들다.

권술 연마의 도리는 신기가 관통하고 형질이 조화로우며 강유와 곡절(曲折) 법도(法度)와 장단(長短)이 '건곤 두 괘의 이치(乾神二卦之理)'라고 한 것과 같다.

만보 앞으로 나가면 통한다

형의권의 형식에는 형의오행권(形意五行拳)과 오행연환권(五行連還拳)
이 있다. 형의오행권에는 벽권(劈拳) 찬권(攢拳) 붕권(偏拳) 포권(植拳)
횡권(橫拳)이 있다. 오행권을 익힌 다음에는 오행권의 연속동작인 오
행연환권(五行連還拳)을 연습한다.

오행연환권을 익혀서 기초가 완전히 다져진 후에는 십이형권(十二
形拳: 12가지 동물의 모양을 본뜬 권)을 익힘으로써 운용의 묘(妙)를 다한
다. 십이형권에는 용권(龍拳) 호권(虎拳) 마권(馬拳) 원권(猿拳) 요권(鷂
拳) 응권(鷹拳) 웅권(熊拳) 구권(龜拳) 사권(蛇拳) 연권(燕拳) 계권(鷄拳)
묘권(猫拳)이 있다. 이러한 십이형권을 익힌 후에는 십이형권의 집합
인 잡식추(雜式捶)를 익힌다.

권경에 이르길 '만보 앞으로 나가면 통한다'고 하였다. 중국에서는
주먹질 하나로 무림을 제패했다는 기록이 있다. 바로 형의권 연마를
말함이다.

형의권은 반드시 5분 연습하고 5분 휴식해야 한다. 이를 되풀이하
면서 연마하되 휴식할 때에는 자리에 앉거나 차를 마시지 말고 5분
간 거닐면서 쉬어야 한다.

제 6 장

팔괘장 (八卦章)

팔괘장의 본질을 깨달으려면 창니보 연습에 매진해야 한다.
창니보만 수년간 익히는 사람이 많다.
창니보만 바르게 익혀도 온몸의 질병이 모두 소멸된다.
팔괘장의 어려운 수수께끼를 푸는 사람은 권의 진수(眞髓)를 얻게 된다.

창니보(滄泥步)는 만병을 다스린다

　여기서 설명하는 팔괘장(八卦章)은 정씨 유파의 하나로서 정씨(丁氏) 팔괘장이다. 비전되어 오는 팔괘장의 어록에는 각 초식마다 다 구결(口訣: 구두로 전해지는 요령의 비결)이 있다. 각 초식마다 구결이 있다는 것은 팔괘장이 매우 심오함을 의미하는 것이며, 또한 말로 그 이치를 다 설명할 수 없음을 뜻하는 것이기도 하다. 팔괘장을 설명한 것 중에 '팔괘장은 극히 약간의 사람들만이 풀 수 있는 어려운 수수께끼와 같다. 그러므로 마침내 그 수수께끼를 푸는 열쇠를 발견한 사람은 공부(功夫)의 가장 높은 경지에 달한 것이며, 권의 진수(眞髓)를 얻은 것'이라고 하였다. 팔괘장은 태극권 형의권 3개를 합해서 내가권의 기본이 되는 것인데, 다른 권과 다른 것은 보법(步法)에 있다. 팔괘장의 보법은 다른 어느 권법보다도 우세하다. 특히 구보(扣步) 파보(擺步) 창니보(滄泥步)가 매우 중요한 보법이다. 창니보는 뻘밭, 즉 진흙밭에서 걷는 식의 보법으로써 팔괘장의 가장 기본이 되는 보법이면서 매우 뛰어난 보법이다. 팔괘장은 보법을 바탕으로 하여 매우 부드러운 허리를 갖게 되는 권법이다.

　팔괘장에는 과(裹: 싸감는다), 곤(滾: 굴린다), 찬(鑽: 내찌른다), 쟁(掙: 뿌리치고 찔러 넣는다) 4가지 장법(掌法)이 있다. 팔괘장의 모든 장법은 이 4가지로 완성된다.

팔괘장이 세상에 알려진 것은 청나라 말기로 세 가지 내가권 중에
서 가장 역사가 짧게 기록돼 있다. 흔히 이르기를 중국 남쪽에서는
권을 잘하고 북쪽에서는 다리를 잘 쓴다고 하여 '남권북퇴(南拳北腿)'
라고 한다. 그러나 팔괘장은 북쪽에서 전해졌으면서도 다리와 주먹보
다 장(掌)을 많이 쓰는 게 특징이다.

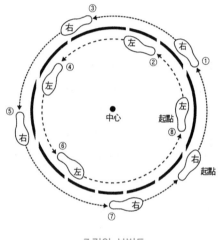

주권의 보법도

무극에서 태극(太極)이 생겨나고 태극이 음양(陰陽)으로 나뉘어져
양의(兩議)가 된다. 양의가 둘씩 나뉘어져서 사상(四像: 사방이나 사계절
로 비유됨)이 되며 다시 이 네 개의 모양이 변화되어 여덟 개가 되는데
이를 팔괘라고 한다. 이렇게 형성된 팔괘는 방향 색깔 등 모든 것이
다 팔괘를 나타내는데 팔괘가 또 각각 팔괘를 나타내므로 64괘가 된
다. 이는 역경(易經)에서 설명하고 있는 바인데, 역경에서 설명되기
이전에 동양사상의 근본이다. 팔괘는 건감간진손이곤태(乾坎艮震巽離坤
兌) 여덟 가지로 명칭하며 주역의 역리와 같다. 실전에서의 팔괘는

여덟 방향(기본적인 공격 각도)을 말하며 위치마다 각각 의미(공력)가 다르다.

명칭	형태	방위	상징
건(乾)	☰	서북	하늘
감(坎)	☵	북	물
간(艮)	☶	동북	산
진(震)	☳	동	벼락
손(巽)	☴	동남	바람
이(離)	☲	남	불
곤(坤)	☷	서남	땅
태(兌)	☱	서	늪

주권(走圈)은 몸에 회오리를 만든다

 팔괘장은 문헌상으로는 청나라 때 동해천이란 사람이 북경에서 선보였다고 되어 있다. 동해천은 어려서부터 무술을 즐겼는데 강남 설화산에서 길을 잃고 헤매다가 도사를 만나 구출을 받고 그에게서 권법을 배웠다고 전해진다. 이때 동해천은 도사로부터 역학의 원리를 풀이한 비전서를 받았다.

 동해천은 무공이 경지에 오르자 수도인 북경으로 가서 황족인 숙친왕을 섬기는 환관이 되었다. 숙친왕은 무술을 즐겨 각지로부터 무술가를 초청하여 연무를 시켰으며 그것을 구경하기를 좋아하였다. 한때 궁중에서 연무회가 열려 선발된 무술가들이 저마다 비술을 보여가며 무술을 겨루었다. 연무회를 관람하던 숙친왕이 차를 가져오라고 했을 때 당번이었던 동해천이 차를 준비하였다. 동해천은 꽉 찬 구경꾼들 때문에 뚫고 들어갈 수가 없자 뒤로 돌아 높은 담을 훌쩍 뛰어넘었다. 이때 받들고 있는 차를 엎지르지 않았다. 문득 이 모습을 본 숙친왕이 동해천의 날렵한 몸놀림을 범상히 여겨서 가까이 불러 경력을 물었고 배운 무예를 연무하라고 명했다. 동해천이 연무하는 권법은 여지껏 보아온 용맹스럽고 딱딱한 것과는 전혀 달랐다. 그것은 마치 행운유수처럼 유연하였으며 끊기는 데가 없었다. 갑자기 섬전하여 땅에 기듯이 낮아지니 흡사 한 마리의 용이 춤을 추는 듯 그 변화가 무궁하였다. 동해천이라는 이름과 함께 팔괘장은 이때부터 많은 사람들에게 널리 알려지게 되었다.

팔괘장이 공방 기술에 사용하는 경(勁=力)은 '전사경(纏絲勁: 비틀기에 의하여 생기는 힘)'으로 이 힘은 팔괘장의 특이한 수법, 신법, 보법을 단계적으로 체계화한 수련과정에 따라 연습이 쌓이면서 양성되는 것이다. 모름지기 무(武)의 근본은 보법이다. 보법은 말로 설명하기 힘들며 직접 배우는 수밖에 없다. 진보(進步) 퇴보(退步) 궁보(弓步) 허보(虛步) 마보(馬步) 등 여러 가지 보법이 있으나 일일이 다 설명하기 어렵다. 개별적으로 지도를 받아서 몸에 완벽히 익히도록 철저히 배워야한다.

팔괘장은 태극권과 비교를 한다면 궁극적으로는 같은 의미를 갖고 있으며 깨우침도 태극권의 그것과 같다. 그러나 일반적으로 무술을 배우는 사람이 추구하는 바와 도달점의 경지를 놓고 판단한다면 태극권은 도에 바로 들어가는 무술이라고 할 수 있고, 팔괘장은 실전 중심의 무술이라고 할 수 있다. 이는 필자의 편견일 수도 있으나 이

팔괘도

해를 돕기 위한 설명으로 받아들이기 바란다. 팔괘장은 실전 중심으로 만들어졌기 때문에 팔괘라고 하는 유위(有爲)에 묶일 수도 있는데, 태극권은 유위가 팔괘장보다는 적다.

팔괘장의 본질을 깨달으려면 창니보(滄泥步) 연습에 매진해야 한다. 창니보는 구결에서 걷는 방법에 대하여 강조하고 있는데, 자세 및 높낮이를 똑바로 하는 것이 중요하다. 자세가 바르지 않으면 팔괘장의 오묘한 진리를 깨닫지 못한다. 발을 들었다 놓을 때 발바닥은 지면과 수평의 상태를 유지해야 하며, 발을 들었다 놓을 때는 발끝이 진흙밭을 뚫고 들어가듯이 나아가야 한다.

창니보는 직선상에서 연습하다가 자세가 몸에 익으면 원주를 돌면서 연습(走圈)한다. 원은 자신의 보폭으로 8보가 되게 만들며, 이 원을 왼쪽으로 돌았다가 다시 오른쪽으로 도는 것을 반복하는 것이다. 이때 의마문노(倚馬問路: 말고삐를 쥐고 길을 묻는다) 자세를 취해야 한다.

팔괘장은 원주 걷는 연습이 매우 중요하다. 원주를 걸어야 몸에 회오리가 생긴다. 내 몸에 회오리를 가둬서 형성해 놓아야 한다. 몸에 회오리가 생기면 손가락으로도 회오리를 일으켜서 상대를 날려버릴 수가 있다. 또한 팔괘장은 다른 권법과 마찬가지로 시선이 중요하다. 시선이 따르지 않으면 안 된다.

옛날의 수련자는 창니보 연습에만 5년 10년 매진했나. 창니보만 익혀도 몸의 질병이 전부 소멸된다. 보법의 연습에는 벽돌이나 말뚝 위를 걷는 연습과 구궁보(九宮步) 연습이 있다. 창니보를 익히고 난 다음에는 8가지 장법(八大掌法)을 익힌다. 여덟 가지 장법을 익히고 난 다음에는 팔괘연환장(八卦連環掌)을 익힌다. 팔대장법과 팔괘연환장을 익혀서 몸놀림을 부드럽고 유연하게 하면 스스로 음양팔괘의 이치를 터득할 수 있다.

무술인은 전부 다 한 가족이다

어느 권이든 하나를 완성하면 다른 어떠한 권이라도 바로 완성할 수가 있다. 우주의 지극한 도는 일통무불통(一通無不通)이므로 하나를 통하면 통하지 않음이 없다. 태극권을 통하면 팔괘장과 형의권을 통하고, 팔괘장을 통하면 태극권과 형의권을 통하는 것이다. 하나의 권을 통하면 다 통할 수 있다. 결국 우주의 지극한 원리는 하나라는 것을 깨닫게 되는 것이다. 이러한 의미에서 무술을 하는 사람들은 어떠한 무를 연마하더라도 형태나 유파에 상관없이 전부 다 한 가족이라고 말할 수 있다.

하나의 권을 완성하기 위해서는 다른 권들을 모두 완성함으로써 이루어지는 것이다. 다시 말해서 태극권을 완성하려면 팔괘장을 완성하고, 팔괘장을 잘하려면 태극권과 형의권을 완성해야 한다. 또한 형의권을 잘하려면 태극권과 팔괘장을 완성하고, 검을 완성하고, 봉술과 태극선 등을 완성해야 한다. 이렇게 해야 모든 권이 완벽히 완성된다. 다만 여기서는 태극권을 완성하고 난 다음에 팔괘장을 완성하고, 팔괘장을 완성하고 난 다음에 형의권을 완성하는 차례로 설명을 한다.

태극권이나 팔괘장은 형식으로 나타난 태극의 형태와 태극의 흐름을 중요시하고 있고, 형의권은 형식이 아닌 내면의 의(意), 즉 팔괘와 태극의 형상을 중요시 여기고 있다. 이는 꼭 단정 지을 수 있는 말은 아니고 반대일 수도 있다. 다만 나는 위에 기술한 바와 같이 지도하고자 한다.

　모든 권이 그러하듯 특히 팔괘장은 직접 몸으로 천번 만번 연습하고 익혀서 그 진의를 체득하지 않으면 안 된다. 말이나 글로써 이치를 다 설명할 수 없는 것이므로 스스로 열심히 수련하여 스스로 깨우치는 방법밖에 없다. 천번 만번 연습하고 연습하여 팔괘장의 수수께끼를 풀어서 몸과 마음의 깨우침을 얻길 바란다.

단환장(單換掌) 구결(口訣)

운동전장병제도(運動轉掌病除掉)
전장하는 운동은 병을 제하여 털어버리니

신체허약환장호(身體虛弱換掌好)
신체가 허약한 것에는 환장이 좋다

사형순식해심화(蛇形順式解心火)
사형순세장은 심화를 해소시키며

용형천장이삼초(龍形穿掌理三焦)
용형천장은 삼초를 조리한다

회신타호서간폐(回身打虎舒肝肺)
회신타호는 간과 폐를 서창시키며

연번개수고신요(燕翻盖手固腎腰)
연번개수는 신장과 허리를 튼튼히 한다

전신반배증장력(轉身返背增長刀)
전신반배는 힘을 증장시키고

영신탐마비위조(獰身探馬脾胃凋)
영신탐마는 비위를 조리한다

번신배삽강근골(翻身背揷强筋骨)
번신배삽은 근골을 강화시키고

정신반구백병소(停身搬拘百病消)
정신반구는 백병을 소멸시킨다

오로칠상용파미(五勞七傷龍擺尾)
오로칠상에는 용파미가 약이며

강장신체락소요(强壯身體樂逍遙)
신체를 강장시키고 즐거움에 소요케 한다

8대장법(八大掌法)

1. 단환장(單換掌) (6-6-4-3)
2. 쌍환장(雙換掌) (4-4-0)
3. 순세장(順勢掌) (5-5-3)
4. 배신장(背身掌) (7_8-5_6-5)
5. 번신장(翻身掌) (5-5-3)
6. 전신장(轉身掌) (6-4-3)
7. 회신장(回身掌) (4-4-3)
8. 마신장(磨身掌) (4_5-5_6-3)

팔괘연환장(八卦連環掌)

1. 1단(一段)
2. 2단(二段)
3. 3단(三段)
4. 4단(四段)

제 7 장

무상검 (無常劍)

검은 권의 정수이다. 가장 섬세하고 가장 날카롭고 가장 예민함을
갖추어야 할 검법은 심신을 수련하여 깨달음을 완성하는 법이다.
검은 자비심을 갖추고 권을 깊이 있게 수련한 사람만이 배울 수
있는 것이다.

신(腎)을 강건케 하고 지혜를 키운다

무상검은 무당태극검에서 유래되었으며 무상검의 초식은 최고 검법의 범주에 속한다. 태극검은 여러 유파가 있으며 그 유파는 각기 다른 검법을 구사한다. 그러나 형식이 달라도 깊은 내용은 하나다. 그 형식은 제각기 특징을 갖고 있으며 똑같지 않은 것이 사실이다. 양식 태극권에 80여 개의 유파가 있고 시연하는 권의 형태가 각각 다르듯이 검법 또한 형태가 다 다르다. 더구나 진식 무식 오식 손식 등의 태극권이 존재하면서 그에 따라 수많은 유파가 생김에 따라 검법도 수없이 많이 생겨났다. 다만 여기에서는 검의 정통파로 알려진 무당파에서 유래 발전된 검식을 소개한다.

검(劍)은 권의 정수(精隨)이다. 가장 섬세하고 가장 날카롭고 가장 예민함을 갖추어야할 검법은 심신을 수련하여 깨달음을 완성하는 법이다. 이것이 검에 대한 가장 타당한 정의라고 할 수 있다.

예로부터 성인들은 검을 소지하고 다녔고 검을 보면서 자신의 잘못된 점을 고쳤다. 검의 정신을 몸에 지녀서 검의 체를 형성한 것이다. 무기술 중에 가장 높은 위치에 있는 검은 군자가 애용하였고 군자의 정인(情人)으로서 사랑을 받아왔다.

검은 오행 중에 수(水)에 속하는 것으로써 우리 몸에 비유하면 인체를 유지하고 형성케 하는 수, 즉 신을 강건케 하고 지혜를 키우는 인격완성의 도구이다.

현대인들은 복잡다단한 생활을 하면서 자신도 모르는 사이에 신(腎)의 기능이 쇠퇴하고 골수가 빠져나가면서 몸이 망가진다. 또한 난무하는 전자기기로부터 양(+기운)을 빼앗기게 되어 진음(-기운)을 소실케 되어서 몸의 기능인 신기(腎氣)를 상실케 되어 허리와 하지가 약해진다. 급기야는 머리가 빠지고 사고가 경직되어서 건망증과 치매를 앓게 된다.

검은 집안에 소지할 경우 귀신도 놀라서 도망간다고 하였다. 그만큼 위엄이 있으면서도 위험한 도구이므로 함부로 다뤄서는 안 된다. 검은 지극한 자비심이 바탕이 된 사람만이 소지할 자격이 있고, 권을 깊이 수련한 사람만이 배울 수 있는 것이다. 함부로 검을 휘둘러서는 안 되며, 기교를 부리는 도구가 아님을 명심해야 한다. 검을 배울 때는 검법의 가르침에 한 치의 어긋남이 있어서는 안 되며 매우 섬세하고 정성스런 마음으로 익혀야 한다.

제한된 지면에 검의 장점과 수련법을 다 기술하기는 어렵지만 아무쪼록 뜻있는 사람은 무상검을 잘 익혀서 올바른 마음과 건강한 육체를 다져나가고, 이를 바탕으로 지혜롭게 살아가길 바란다.

발을 모으고 서서 남쪽을 향한다. 양팔은 자연스럽게 늘어뜨리고 왼손은 검을 쥐어 뒤쪽에 두고 검첨은 위를 향한다. 오른손은 검지를 이루고 눈은 전방을 향한다. 이때 머리는 바로 세우고 상체의 힘을 빼어 자연스럽게 하며, 검신을 왼팔에 붙이고 검인이 몸에 닿지 않도록 한다.

1. 기세(起勢)

양팔을 들 때 무리하게 힘을 쓰지 않고 어깨를 경직시키지 않는다. 발이 나갈 때 상체를 좌측으로 돌리고 허리는 자연스레 힘을 빼서 바로 세운다. 오른팔을 완전히 펴지 말고 왼손은 검을 쥐어 몸 옆에 바로 세우되 검인이 몸에 닿지 않도록 한다.

2. 정보점검(丁步點劍)

병보와 점검은 동시에 이루어지게 한다. 상체를 바로 세우고 팔과 어깨는 수평이 되며 무릎은 반쯤 굽힌 자세를 취한다. 점검 시 검첨을 위에서 아래로 하는데 손목의 힘이 검첨에 흐르도록 한다.

3. 회신점검(回身點劍)

발을 뒤로 무르는 동작과 검을 들어 올리는 동작을 일치시키고, 무릎을 들어 올리는 동작과 점검을 일치시킨다. 동작이 서로 협조되어 일체가 되도록 하고 무릎을 들어 올릴 때 대퇴부는 가슴까지 올리도록 한다. 점검 시에 상체는 조금 앞으로 기울게 한다.

4. 복보횡소(僕步橫掃)

소검 시에 복보를 하게 되는데 좌측으로 허리를 돌리는 동작 하에 전체 동작이 완성된다. 동작이 끝났을 때 궁보는 비스듬한 전방이 되는데 정동편북이 된다. 오른손은 왼쪽 가슴 앞에 이르는데 검과 궁보의 방향이 일치되어야 한다.

머리를 세우고 어깨를 떨어뜨리며 허리를 이완시킨다. 검을 쥔 오른손은 가볍게 잡고 검신을 안정되게 유지한다. 소검 시에 검인은 수평이 되게 하며 우에서 좌로 횡소한다.

5. 우좌평대(右左平帶)

각 동작은 허리의 운동에 의해서 완성되고 상하지의 협조에 의해 이뤄진다. 검을 좌측으로 회수할 때 허리를 좌측으로 돌리고 검을 우측으로 회수할 때 허리를 우측으로 돌린다. 자세 중의 궁보의 동작을 나누어 본다면 정동에서 편남편북이다. 검첨은 중심선에 가까이 붙이며 검첨은 약간 높도록 한다. 대검 시 검인이 전방에서 측후방을 향하여 당기면서 대검할 때 힘은 검인에 있도록 한다.

6. 분각영검(分脚領劍)

양팔은 교차운동 시에 각기 원형이 이루어져야 하고 동작은 크게 해야 하며 상하지의 동작이 일치해야 한다. 끝나는 동작에서 허리를 펴고 머리를 세우며 양다리는 쭉 펴야 한다. 다리를 들어 올릴 때에는 체중이 모두 우측으로 이동한 후에 분각을 한다.

7. 차보반요(叉步反撩)

왼발이 착지하는 것과 우측의 검이 오른쪽으로 운동하는 것이 동시에 일어나게 하고 삽보와 반요도 동시에 한다. 발을 교차시킬 때 상체는 약간 앞으로 기울어지게 하고 허리는 세워서 오른쪽으로 돌리는데 뒷다리와 일직선이 되도록 하고 검과 팔은 일직선 상에 놓는다. 요검이란 검인의 중간 부분이나 앞부분에 힘을 가하여 아래에서 위쪽으로 들어 올리는 것이다.

8. 마보운포(馬步雲抱)

운검 시에 상체를 약간 뒤로 기울이는데 검은 허리와 배의 앞쪽에 있도록 한다. 당연히 검이 몸의 우측에 있을 때는 중심을 우퇴로 옮기고 우궁보를 이룬다. 다시 중심을 좌측으로 옮겨서 검을 좌로 움직여 수심을 안으로 향하게 하여 허리 앞에서 포검을 이룬다. 동작은 허리의 운동과 같이 이룬다. 동작을 크게 하고 오른손은 영활하게 한다. 동작이 끝났을 때 허리를 세우고 과를 벌리며 몸을 좌측으로 돌리는 것에 주의한다.

9. 정보절검(丁步截劍)

발을 거두어 붙이는 것과 절검을 빠르고 신속하게 한다. 무릎은 반쯤 굽힌 자세이다. 절검은 검인의 중단이나 전단으로 하도록 하는 것이다.

10. 번신붕검(翻身崩劍)

구보와 붕검을 동시에 하고 몸은 약간 뒤로 한다. 검은 가볍게 잡는다. 붕검은 검인전단을 이용하여 우측이나 위쪽으로 튀어나가듯 하는데 역점은 검인전단에 둔다.

11. 궁보하자(弓步下刺)

다리를 올릴 때 가슴 앞까지 들어 올리고 착지함과 동시에 자출하도록 한다. 궁보와 자검의 방향은 정동에서 남쪽으로 약 30도이다. 자검은 검첨을 뒤에서 앞으로 펴면서 찌르는 것인데 검첨에 힘이 전달되도록 한다.

12. 독립상자(獨立上刺)

왼발 오른발이 앞으로 나아갈 때 방향은 동남에서 동북 방향 약 30도가 되도록 하고 허리의 움직임으로 동작이 완성되게 한다. 독립 시에 다리는 쭉 펴고 상체는 약간 앞으로 숙인 듯이 한다.

13. 복보천검(僕步穿劍)

복보와 천검이 일치되도록 한다. 복보의 방향은 정서편남이고 머리를 세우고 허리를 세우며 어깨 힘을 뺀다.

14. 등각전자(蹬脚前刺)

등각과 전자가 동시에 이루어지게 한다. 방향은 정서편북 약 30도이다. 등각 시 다리를 자연스럽게 쭉 펴며 중심을 잡고 머리와 허리를 세운다.

15. 도보평자(跡步平刺)

우궁보와 자검은 동시에 하고 방향은 정서편북이다.

16. 전신평자(轉身平刺)

검을 당길 때 상체를 따라서 우측으로 돌리고 연후에 오른발을 안으로 꺾어 놓고 왼발을 들어 왼쪽으로 돈다. 돌 때 검첨을 조금 안으로 모으고 완전히 돌았을 때는 검첨이 정전방을 향하게 한다. 즉 정북 쪽이다.

17. 행보천자(行步穿刺)

천검 시에 함흉하며 동작은 크게 한다. 행보 시에 반원형을 그린다.

18. 행보구검(行步扣刺)

17, 18 두 개 동작의 행보는 모두 아홉 걸음으로 하나의 원을 이룬다. 앞의 네 걸음은 양손을 유지한다. 다섯 걸음부터는 양손을 아래로 내렸다가 올려서 다시 누르는 동작이 이어진다. 압검 시에는 좌측으로 허리를 돌리는 것과 왼발을 딛는 것이 일치되게 한다. 원형으로 돌 때 몸이 전체적으로 협조하여야 한다. 원의 크기는 사람에 따라서 정하며 걸음 수도 가감이 가능하니 7보에서 11보까지 하여도 무방하다.

19. 궁보하자(弓步下刺)

19식은 앞의 식과 연결되어 있다. 손을 벌리는 것과 몸을 돌리는 것은 동시에 완성된다. 궁보 방향은 동북이고 궁보 시 신체는 약간 앞쪽으로 기운다. 17, 18, 19식은 모두 이어져서 12보를 가게 된다.

20. 등공도자(藤空跳刺)

공중에 떠올라서 찌르며 다리는 공중에서 자연스럽게 당겨 올린다.

21. 마보장검(馬步藏劍)

몸을 공중에서 좌로 돌린 후 북쪽을 향하여 착지한다. 착지와 검을 거두는 것이 동시에 완성되어야 한다. 검신은 왼팔 아래에 장하고 검첨이 좌측팔꿈치와 일치되게 한다.

22. 회신반자(回身反刺)

오른발 나가는 것과 붕검이 동시에 완성되고 발을 뒤로 빼는 동작과 반자가 동시에 완성되도록 한다.

23. 허보붕검(虛步崩劍)

다리를 모으고 붕검하는 것과 검지를 아래로 내리는 동작이 일치
되게 한다.

24. 독립상자(獨立上刺)

발을 뒤로 빼고 몸을 돌릴 때에는
먼저 왼발을 뺀 이후에 다시 오른발을
뒤로 뺀다. 동시에 양손은 양쪽으로
벌린다. 왼발을 들어 올림과 자검이
동시에 이루어지도록 한다. 자검 시
상체는 약간 앞으로 기울어지고 머리
는 바로 세우며 버티는 다리는 쭉 펴
도록 한다.

25. 철보평참(撤步平斬)

검을 면전에서 평평하게 돌릴 때 상체는 약간 뒤로 기울이고 궁보
와 참검은 동시에 한다.

26. 앙신가검(仰身架劍)

몸을 뒤로 젖힐 시에 머리 쪽으로
붙여서 평면을 그리도록 한다.

27. 전신회추(轉身回抽)

중심을 뒤로 옮겨서 검을 떨어뜨리고 뒤로 당기는 동작이 일치되게 하고 검첨은 무릎 높이와 같게 한다. 검을 당길 때는 검을 세우고 아래쪽 검인에 힘이 붙게 한다. 앞에서 뒤쪽으로 혼선을 그리며 당기고 직선으로 당기지 않도록 한다. 동작이 끝났을 때는 오른팔을 조금 굽혀 검첨의 방향이 정동편남으로 30도가 되게 한다.

28. 병보평자(併步平刺)

좌각을 좌측으로 옮기는 동시에 좌검지를 좌로 이동시킨다. 자검과 병보 좌검지의 동작이 일치되게 한다.

29. 행보요검(行步撩劍)

요검 시 행보는 S자를 그린다. 행보는 평온하게 해야 하며, 요검 시에는 허리로써 팔을 움직이고 팔로써 검을 움직이며 몸과 검 손과 발이 상호협조를 이루도록 한다. 요검 시 아래쪽 검인에 힘이 붙게 하며 아래에서 위쪽으로 들어 올린다. 동작은 비교적 크게 한다.

30. 앙신요검(仰身撩劍)

오른 다리를 들어 올릴 때 동시에 검이 나가게 하며. 또한 동시에 몸이 뒤로 젖혀지게 한다. 동작이 일치되게 하며 동작을 크게 하도록 한다. 제퇴요검의 방향은 정동향이다.

31. 개보안검(蓋步按劍)

몸을 돌려 개보하는 동시에 검을 한 바퀴 돌린다. 동작은 허리와 손목을 축으로 전신이 협조를 이루게 한다.

32. 도보하자(跳步下刺)

상체를 우회전 시에 검을 몸에 붙이고 세워서 돌린다. 좌각이 앞으로 뛰어오를 때 우수는 허리에 오고 동작은 가볍게 하여 지속적으로 이어지게 한다.

33. 헐보압검(歇步壓劍)

상체를 우로 돌리는 것과 검을 돌리는 것이 동시에 일어나게 한다. 자세를 낮추면서 헐보를 이루는 것과 압검을 동시에 한다. 손과 발이 협조한다.

34. 허보점검(虛步鮎劍)

왼발이 앞으로 나갈 때 양팔을 밖으로 벌렸다가 오른발이 땅에 닿음과 동시에 점검한다. 점검 시 팔은 뻗고 손목은 들어 올린다.

35. 독립탁가(獨立托架)

삽보와 요검은 동시에 완성된다. 탁검 시 먼저 검손잡이를 위로 들어 올려 검첨이 앞을 향하게 한 다음 아래에서 위로 들어 올린다. 좌슬과 검첨은 모두 앞을 향하게 하며 머리를 세우고 허리를 바로 한다. 탁검은 검하인으로 아래에서 위로 들어 올리는 것이다.

36. 궁보괘벽(弓步掛劈)

괘검 시에 허리를 돌리고 팔은 크게 돌린다. 궁보와 벽검을 동시에 완성한다. 괘검은 검첨이 전방에서 뒤쪽으로 구회하며 몸의 우측이나 좌측을 지나서 아래로 당기는 것이다.

37. 헐보후자(歇步後刺)

상체를 충분히 좌로 돌리고 자검도 충분히 한다.

38. 차보평참(叉步平斬)

차보시 상체를 충분히 우측으로 돌리고 조금 전방으로 기울인다. 동작의 방향은 서북이다. 삽보와 참검은 일치되게 한다. 참검은 검신을 편평하게 하여 검인으로 좌에서 우측 혹은 우에서 좌측 옆으로 베는 것이다. 역점은 검인에 둔다.

39. 허보포검(虛步拘劍)

검을 몸 앞에서 돌릴 때 검병을 조금 낮춘다. 검의 전단은 면전에서 비스듬하게 원을 그린다. 중심을 좌우로 이동시키며 움직이는 것과 운검 시 협조를 이룬다. 중심이 좌퇴에 있을 때 양손이 교차되고 우퇴로 옮길 때 양손이 분리된다.

40. 차보평대(叉步平帶)

중심은 충분히 이동하고 동작은 허리가 축이 되어 크게 한다. 동작이 끝났을 때는 서북을 향한다.

41. 궁보반붕(弓步反崩)

제슬과 포검을 동시에 하며, 궁보와 붕검을 동시에 한다. 위의 두개 동작은 연결되어 빠르게 해야 한다. 붕검 시에 상체는 약간 앞으로 기울인다.

42. 제슬점검(提膝點劍)

우각첨을 안으로 당길 때 검은 조금 당기고 연후에 제슬과 동시에 검검한다. 점검의 방향은 동남이다.

43. 차보반요(叉步反撩)

발을 떨어뜨릴 때는 상체를 우측으로 돌리고 허리를 따라서 검을 반요한다.

44. 정보자검(丁步刺劍)

다리를 거두는 것과 자검이 일치하도록 한다. 상체는 조금 앞으로 기울이며, 팔은 앞으로 충분히 펴준다.

45. 정보포검(丁步拘劍)

우각을 당기는 동시에 검을 당겨 면전에 이른다. 손발이 잘 협조해야 하고 검첨과 시선은 동남을 향한다.

46. 행보천검(行步穿劍)

행보는 여섯 보이고 원형을 그린다. 상체는 조금 내측을 향하며 천검 시 가슴은 모으고 허리는 비튼다.

47. 구검평말(扣劍平抹)

구검과 철보는 동시에 한다. 말검, 분검은 허보와 동시에 한다. 동작이 모두 연결되게 하며 멈추지 않도록 한다.

48. 병보평자(倂步平刺)

검을 모을 때 상체는 조금 우측으로 향한다. 자검 시 양팔은 자연스럽게 펴고 어깨 힘을 빼고 병보 시에 양발은 자연스럽게 편다.

49. 수세환원(收勢還原)

점검 시에 검신이 평안히 움직이지 않고 검첨은 전방을 향하여 좌우로 움직이지 않도록 한다. 환원 후 검은 왼팔에 붙이고 검첨은 위를 향한다. 어깨는 떨어뜨리고 몸은 자연스럽게 이완시키고 시선은 전방을 향한다.

검결(劍訣)

1. 자검(刺劍)

검의 뾰족한 부분은 상대방을 향한다. 팔은 굽혔다가 편다. 검과 함께 일직선이 되게 하며 힘은 검첨에 닿도록 한다. 검날의 좌우를 향하여 수평을 이루게 한다. 검날이 상하로 향할 때는 곧바로 찌른다.

2. 벽검(劈劍)

뭉툭한 것을 단번에 자르듯 검을 세워 위에서 아래로 힘껏 내리친다. 역점(力點)을 검날에 있게 하며 팔과 검이 일직선을 이루게 한다.

3. 괘검(掛劍)

검첨을 후리듯 하며 칼을 세워 앞에서 뒤의 윗 방향으로 하거나 혹은 뒷 아래 방향에서 쳐서 열 듯 상대 방향으로 공격한다. 역점을 검의 몸통 평면에 있게 한다.

4. 요검(遼劍)

검을 세워 뒷 방향에서 앞쪽 위를 향해 후려친다. 역점을 검날 앞 부분에 있게 한다.

5. 운검(雲劍)

검을 평평히 하여 머리 앞의 윗 방향, 혹은 정수리를 향해 원을 그리며 돌린다. 상대방을 열어젖히듯 나아가며 공격하고 힘을 칼날에 있게 한다.

6. 말검(抹劍)

검을 평평하게 하여 왼쪽에서 오른쪽으로, 혹은 오른쪽에서 목을 향한다. 역점(力點)은 검날이 순리대로 움직이도록 매끄럽게 한다.

7. 점검(點劍)

검을 세워 칼끝으로 아래 점을 찍어 쪼듯이 한다. 힘을 검날의 앞 부분에 전달되도록 한다.

8. 붕검(崩劍)

검을 세워 칼끝으로 위의 점을 찍어 쪼듯이 한다. 힘을 검날의 앞 부분에 전달되도록 한다.

9. 격검(擊劍)

검을 수평으로 하여 왼쪽, 혹은 오른쪽을 향해 노크하듯 한다. 힘을 검날 앞부분에 전달되도록 한다. 오른쪽을 향해 격검하는 것을 평 붕검이라고도 부른다.

10. 교검(絞劍)

검을 수평으로 하여 검 끝이 시계 바늘 방향으로, 혹은 시계 바늘 역방향으로 하되 작은 원을 그리며 세워서 원을 그리듯 돌린다.

11. 가검(架劍), 탁검(托劍)

검을 세워 위를 향해 걸치듯 한다. 머리 위까지 높여야 하며 힘은 검날에 둔다.

12. 절검(截劍)

검을 세우거나, 혹은 수평으로 절단하여 상대방을 방어 절단한다. 힘은 검날에 둔다.

13. 대검(帶劍)

검을 수평으로 하여 앞에서 측후방을 향해 뽑아 회수한다. 힘은 검날의 매끄러운 동작에 있게 한다.

14. 추검(抽劍)

검을 세워 앞에서 뒤쪽 상방(上方), 혹은 뒤쪽 하방(下方)으로 하여 뽑아 회수한다. 힘은 검날의 매끄러운 동작을 따른다.

15. 도검(逃劍)

검을 세워 검 끝이 아래에서 위로 향하여 일어서듯 한다. 역점(力點)은 검날의 앞쪽 끝에 있게 한다.

16. 천검(穿劍)

검을 평평히, 혹은 세워서 장딴지와 팔, 혹은 신체에 따라 서로 다른 방향으로 뚫는다. 팔은 굽혔다가 펴며 역점(力點)은 검 끝에 있게 한다.

17. 제검(提劍)

검을 세우거나 평평히 하여 팔뚝을 굽혀 잡아 올리듯이 한다. 검 끝은 아래를 향한다.

18. 추검(抽劍)

검신이 수직, 혹은 횡평(橫平=세로로 평평함)하여 안에서 밖을 향해 밀어 나오게 한다. 힘은 검날의 뒷부분에 있게 한다.

19. 봉검(捧劍), 포검(抱劍)

검을 수평으로, 혹은 세워 양손이 몸 앞에 서로 포개어 껴안듯이 되게 한다.

20. 소검(掃劍)

검을 수평으로 하여 왼쪽을 향하거나 혹은 오른쪽을 향해 흩뿌려 던지듯이 한다. 팔과 검은 일직선을 이루게 한다. 힘은 검날에 있게 한다.

21. 연검(軟劍)

소검과 같다. 다만 흩뿌려 던지듯이 하는 폭과 힘이 상대적으로 작다.

22. 압검(壓劍)

검을 평평히 하여 위에서 아래로 향하여 차분히 누르듯 한다. 힘은 검신의 평면 가운데 뒷부분에 있게 한다.

23. 완화(碗花)

팔뚝을 축으로 삼아 칼이 팔의 내측, 혹은 외측에 있게 하여 돌려 원을 이루게 한다.

24. 난검(攔劍)

검을 비스듬히 세워 앞 방향을 향하게 하여 얹어 놓듯이 한다. 역점(力點)은 검날의 가운데 뒷부분에 있게 한다.

제 8 장

태극선(太極扇)

태극선은 움직임을 부드럽게 하면 지고한 현대무용이 되고
날카롭게 하면 보는 이로 하여금 몸에 전율을 느끼게 한다.

날씬한 몸을 만들고 자신감을 심어준다

선(扇)도 권법이나 검법과 마찬가지로 여러 형태가 있고 초식도 다양하다. 다만 여기서는 검법과 창법 도법(刀法)을 합친 정통태극선을 소개한다.

선현의 말씀에 "수행자가 도(刀)는 백일 창은 천일 검은 만일 동안 열심히 수행하면 완성할 수 있다"고 했다. 즉 도를 익히는 데는 석 달이 좀 더 소요되고 창은 약 삼년 검을 익히는 데는 삼십년이 소요된다고 하였다. 이 수련기간은 태극권이나 다른 무도(武道=권법)를 익히고 난 수련자가 무기(중국에서는 기계(機械)라 한다)를 익히는 기준이며 매일 수련하는 사람을 기준으로 한 기간이다.

태극선은 검과 창, 그리고 도를 합한 형식으로써 날렵하고 강하게 하면서 동시에 섬세하고 날카로움을 모두 갖추는 훈련이 필요하다. 보통 사람이 태극선을 열심히 익히면 3주 내에 자신의 몸에 변화가 있음을 보고 깜짝 놀랄 것이다. 군살이 빠져서 몸이 날씬해지며 얼굴은 쪽 빠져서 윤기가 흐르고 눈동자는 샛별같이 빛나며 사지에 힘과 날렵함이 배게 될 것이다.

특히 태극선은 움직임을 부드럽게 하면 지고한 현대무용이 되어서 그 어떤 무용의 자태보다도 더 아름답다. 반면 강하고 날카롭게 하면 그 날카로움은 보는 사람으로 하여금 몸에 전율을 느끼게 한다. 만약 무겁고 둔하게 하면 보는 사람은 감히 숨도 잘 쉬지 못할 것이다.

태극선은 건강하지 못하고 매사에 자신이 없는 사람에게 권하고 싶다. 자신을 느끼고 싶은 사람이라면 태극선을 배울 인연이 되었을 때 주저하지 말기를 바란다. 어금니를 악물고 시도해 볼 만한 것이다.

제 9 장

곤(棍)

태극곤을 잘하면 검과 창, 그리고 도의 이치를 터득하고
거기서 얻는 공력을 얻을 수 있다.

간과 담이 튼튼해진다

곤(棍)은 나무로 만든 긴 막대기로서 봉(捧)이라고도 한다. 곤은 주변에서 손쉽게 구할 수 있는 병기(兵器)로써 창의 장점과 도의 장점 그리고 여타 기구의 장점을 골고루 갖추고 있다. 곤은 자신이 서 있을 때 눈썹 높이의 길이가 가장 적당하다. 곤은 오행중의 목(木)에 해당하며 간과 담을 튼튼하게 해주는 무술이다. 빈혈을 낫게 하는 좋은 법이며, 복잡다단한 현대생활 속에서 자칫 놓아버릴 수 있는 자신의 혼(魂)을 가치 있게 가꾸고 굳건히 지켜주는 방법이기도 하다.

곤의 초식은 역근(易筋)의 작용이 다른 병기보다 탁월하기 때문에 근육을 강하게 할 수 있다. 곤은 일반적으로 검을 잘하기 위한 방법으로써 권하기도 한다. 길이를 자유자재로 조절해 가면서 겨루는 기술을 배우는 장점도 있다. 그러나 여기서 소개하는 곤(부록 참조)은 태극권에서 유래한 태극곤(太極棍)이다. 이 곤을 잘하면 검과 창, 그리고 도의 이치를 터득하고 거기서 얻는 공력을 다 얻을 수 있다. 수시로 태극곤을 연마하여 그 용법을 스스로 터득하면 보람 있는 생(生)에 일조(一助)가 될 것이다.

제10장

도(刀)

도를 익히면 패기가 생겨나서 힘든 세상살이에서 쌓인 스트레스를 삭인다. 도는 굳센 용기로써 삶의 어려움을 극복하게 하는 현실적인 수련법이다.

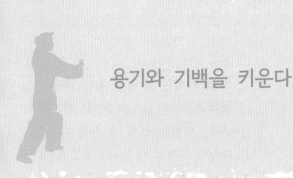

용기와 기백을 키운다

도는 오행중에 금(金)에 속한다. 금의 속성은 청룡도와 같다. 도를 익힘으로써 일도양단(一刀兩斷)하는 용기와 기백을 키울 수 있다. 인체에 있어서 기백을 키우는 역할을 하는 기관은 폐와 기관지이다. 따라서 도를 익히면 폐와 기관지가 강건해진다.

현대인들의 폐는 갖가지 오염에 시달리다 못해 기능이 점점 더 약화되고 있다. 매연과 중금속이 먼지가 되어 대기 중에 떠돌다보니 폐가 혹독히 시달림을 당한다. 사람들의 폐가 기능을 다하지 못할 뿐만 아니라, 숨이 차는 등 각종 질환에 시달리며 고생한다. 폐질환으로 세상을 마감하는 이들이 많은데 그 고통은 이루 형용할 수 없다. 모든 병고의 마지막은 폐 기능의 정지이다. 병이 최종적으로 그 사람을 죽이는 것은 폐 기능의 마비이다.

금(金)의 속성은 패기다. 따라서 도를 익힘으로써 패기가 생겨나 힘든 세상살이에서 쌓인 스트레스를 삭인다. 도는 굳센 용기로 어려움을 극복하고 살아가게 하는 가장 현실적인 수련법이다. 여기서는 도법 중에서 가장 고급도(부록 참조)를 소개한다. 이 고급도는 태극도가 아니고 이른바 무형도(武形刀)이다. 원래 도는 백일 익히고, 창은 천일, 검은 만일을 익히라고 하지 않았는가. 그런데 도를 백일 만에 완성한다는 것은 검을 만일 동안 익히는 노력을 백일 안에 하라는 뜻이

니, 도를 익히는 것이 덜 힘들 것이라는 생각은 아예 접어야 한다. 여기서 시연하는 도법은 권과 검 등을 다 익힌 사람이 굳건한 내공(內功)으로써 시연해야 제 기능을 할 수 있는 도법이니 창과 검보다 못하다는 생각은 아예 접고 열심히 수련해 보라. 고달픈 세상이 살아볼 만한 세상으로 바뀔 것이다.

제11장

호흡

호흡은 반드시 자연호흡에 따라야 한다.
자연호흡이 잘되면 몸과 마음이 완벽한 하나가 되며,
하나의 도를 체득해서 깊은 지혜를 얻게 된다.

호흡을 욕심으로 하지 마라

사람들은 잠시도 호흡을 멈추지 않고 살아간다. 호흡은 생명 그 자체이다. 호흡을 통해서 몸과 정신을 무한대로 업그레이드시킬 수 있다. 그러나 이러한 호흡의 중요성을 모르고 살아가는 것이 현실이다.

태극권을 통한 호흡을 더 보충하거나 더 깊고 높은 경지를 체득하기 위해서는 호흡을 집중적으로 수련할 필요가 있다. 몸과 마음을 깨우치는 방법으로써 호흡수련이 매우 중요하다.

옛 성현들은 가장 기본적인 호흡을 통해서 사람들을 완성시키려고 노력했다. 도를 얻거나 세상의 모든 면에서 무엇을 완성해야 할 때에는 호흡을 중요시하고 항상 호흡을 강조했다. 신체건강은 물론이고 정신적인 완성, 나아가서는 무(武)의 완성을 위해서도 호흡을 그 방법으로 삼았고 거기에 도(道)를 더하여 자아완성(自我完成)을 실현한 것이다.

호흡이 이토록 중요한 것이지만 잘못하면 심신의 큰 폐해를 가져올 수가 있다. 그런데 그 폐해는 한 번 오면 바로잡기가 결코 용이하지 않다는 데 심각한 문제가 있다. 이 때문에 호흡법을 아무에게나 권할 수는 없다. 잘못 가르치는 사람도 문제이지만 호흡법을 배우는 사람이 인위(人爲)를 갖고 욕심으로 하는 경우가 더 큰 문제이다. 호흡은 먼저 자신의 모든 것을 버린다는 생각을 갖고 해야 한다. 무엇을 얻으려고 호흡을 하면 오히려 모두 다 잃게 되는 불행이 따른다. 호흡은 훌륭한 스승의 가르침 없이는 함부로 하지 말아야 한다.

시중에는 각종 호흡을 수련하는 도장이 난무하고 있다. 요가도 기본이 호흡이다. 그런데 호흡법을 제대로 알고 가르치는 곳이 드문 것 같다. 얄팍한 호흡지식을 갖고 그럴듯한 문구로 포장을 해서 호흡을 아는 체하는 이는 매우 불쌍한 사람이다. 생계나 장사목적으로 하는 사람들도 불쌍하기 짝이 없다. 더구나 그에 몰려드는 사람들을 보면 더 불쌍하고 안타까울 따름이다.

호흡을 제대로 하려면 도심(道心)이 바탕이 되고 인격을 갖추어야 한다. 그래야 호흡법을 제대로 수련할 수가 있다. 도를 얻는 호흡법을 자기 욕심의 도구로 삼는다면 엄청난 폐해가 온다는 것을 절대 명심해야 한다. 허황된 욕심으로 세속의 목적을 이루려는 뜻을 두고 호흡을 한다면 큰 낭패를 볼 수 있다. 처음에는 잘되는 것 같으나 결과는 더 나쁘게 된다.

호흡의 폐해를 줄일 수 있는 몇 가지 주의사항을 요약하면 다음과 같다.

1. 호흡은 급한 마음으로 해서는 안 된다. 무엇을 빨리 이루려는 마음으로 배에 힘을 주거나 호흡을 멈추고 한참 동안 무리해서 참는 것은 오히려 큰 병을 불러온다. 호흡은 빨리해서 되는 것이 아니다. 오히려 천천히 할수록 더 빨리 이뤄진다.

2. 호흡은 정자세로 해야 한다. 가부좌나 반가부좌 자세로 하는 게 좋다. 의자에 앉아서 하거나 서서하는 것도 나쁘지 않으나 절대로 누워서는 하지 말아야 한다. 잠을 자면서도 호흡을 놓지 않겠다는 의지는 좋으나 호흡을 누워서도 할 수 있다는 생각은 버려야 한다. 누워서도 하겠다는 의지가 있을 정도라면 당장 일어나 앉아서 해라. 호흡

을 들이마실 때 항문을 조여주면 상기되는 것을 방지하고 의식이 단전으로 모이므로 좀 더 깊은 호흡을 할 수가 있다.

3. 초보자가 호흡을 할 때는 단전의 위치를 정확히 알고 해야 한다. 기경팔맥이 소통되고 나면 몸 전체가 단전이 되지만 일반인들은 단전의 위치를 정확히 알고 호흡을 해야 부작용이 없고 공력이 쌓이게 된다. 단전이라 하면 배꼽 5센티 아랫부분이라고 말하는 이들이 많다. 그곳을 단전이라고 생각하여 거기에 의식을 두고 호흡을 하면 공력이 쌓이기는커녕 자칫 상기병으로 평생을 고생할 수도 있다. 단전의 위치는 배꼽 5센티 아랫부분에서 등 뒤 명문혈 쪽으로 70%에 이른 부분이다. 백회와 회음혈을 이어주는 선과 배꼽 5센티 아랫부분에서 명문혈을 이어주는 선의 교차점 부근이라고 할 수 있다. 초보자는 항문 위쪽 부분이라고 생각하는 게 이해하기 쉬울 것 같다.

4. 호흡은 굳이 들이마셔야 한다는 부담감을 가질 필요가 없다. 단전에다가 의식만 두고 깊이 내쉬기만 하면 된다. 내쉬면 호흡은 저절로 들어오기 때문이다. 짧게 내쉬면 짧게 들어오고 길게 내쉬면 길게 들어온다. 이것이 가장 안전하고 올바른 단전호흡이라고 할 수 있다. 평소 단전에 의식만 두고 있어도 단전호흡의 효과가 있다. 배를 볼록하게 하려고 폐로 공기를 들이마셔서 단전으로 밀어 넣으려고 해서는 안 된다. 물론 공기를 들이마시는 것은 폐가 하지만 호흡의 주는 폐가 아니라 단전이 되어야 한다. 공기가 단전으로 들어가는 것은 아니나 단전이 들이마시고 단전이 내쉬어야 한다.

거듭 강조하건대 호흡수련은 의식과 함께 해야 하며 완성된 인격을 목표로 해야 한다.

권을 하면 자연호흡이 이뤄진다

태극권을 할 때는 호흡이 매우 중요하다. 호흡에는 초심자가 하는 호흡법이 있고 고수가 하는 호흡법이 있다. 또 중간 정도의 수련자가 하는 호흡법이 있다. 초심자 호흡법은 입을 벌려서 호흡이 저절로 드나들게 하는 것이다. 중급자 호흡은 천편일률적인 것은 아니나 내칠 때 내뿜고 거두어들일 때 들이마시는 것이다. 이 호흡은 입을 다물고 코로만 해야 한다. 초심자 호흡법과 중급자 호흡을 잘 익혀서 호흡이 길어지면 고수의 호흡법을 익힌다. 고수의 호흡법은 호흡을 잊어버린 상태다. 고수는 상대를 공격할 때 숨을 내쉬고 들이쉬는 것에 구애받지 않는다. 고수의 호흡은 호흡을 하고 있는지 안하고 있는지 자신도 모르고 상대방도 모르는 상태이다.

태극권을 할 때 호흡은 반드시 자연호흡(自然呼吸)에 따라야 한다. 자연호흡이란 글자 그대로 우주와 내가 합한 자연의 호흡이란 뜻이다. 자연호흡이란 의식호흡과 반대되는 개념이다. 자연호흡은 완성된 인격체만 할 수 있는 것이다. 혹 자연호흡을 자기 마음대로 하는 것으로 이해한다면 잘못 알고 있는 것이다. 자연호흡이 잘되면 몸과 마음이 완벽한 하나가 될 뿐만 아니라 하나의 도를 체득해서 깊은 지혜를 얻고 마침내 수행자들이 말하는 소위 깨우침을 얻은 사람이 될 수 있다.

의식호흡은 깊은 자연호흡과 합하려는 시도에 불과한 것이다. 호흡은 자연호흡밖에 없다고 말해도 무방하다. 자연호흡으로 이끄는 작용들로써 의식호흡을 강조하는 것뿐이다.

자연호흡이란 대개 들숨, 날숨을 몸의 상태에 제멋대로 맡기는 것이라고 아는데 이는 지극히 모르는 소치이다. 그냥 제멋대로 맡기는 호흡을 말하는 것이 아니다.

호흡의 호(呼)는 내뿜으라는 뜻이다. 내뿜으면 자연히 들이마시게 (吸) 되기 마련이다. 즉 숨을 들이마시고 내쉬는 것에 몸을 맞추지 말고 의식으로 조정하는 것이다. 흡(吸)을 염두에 두면 상기가 되기 쉽다. 먼저 버리는 것(呼)을 해야 한다.

"무념념은 정이요(無念念卽正), 유념념은 삿됨을 형성한다(有念念成邪)" 호흡은 무념으로 해야 한다. 무념은 무념이라는 생각을 해도 무념이 아니다. 그렇다고 무념이 아무 생각을 안 하는 것도 아니다. 사람이 생각을 안 할 수는 없다. 다만 유념으로 한다면 큰 낭패를 불러온다. 유념으로 호흡을 하면 자신이 갖고 있는 아뢰야식의 속성과 접하게 되어서 다시는 올라올 수 없는 삿된 구렁텅이로 떨어질 수 있다. 호흡을 하기 전에는 먼저 몸과 마음을 깨끗이 하는 작업이 필요하다.

무(武)를 익히는 사람은 호흡을 따로 연습하지 않아도 된다. 무를 익히는 동작에 맞추어 위에서 정의한 자연호흡을 하면 된다. 태극권이나 검술과 도법을 익히면서 내뻗을 때 숨을 내쉬고 거두어들이면서 숨을 들이마시는 데 맞추면 자연호흡이 되는 것이다. 자연호흡이 이뤄지기 위해선 한 초식 한 초식 여유를 갖고 천천히 해야 하며 어깨에 힘을 빼고 자세를 최대한 많이 낮춰서 해야 한다.

태극권 람작미를 할 때 '붕'에서 호흡을 내쉬고 '리'에서 숨을 들이마시고 '제'에서 내쉬고 들이마셨다가 '안'에서 내쉰다. 태극권 람작미만 평소에 틈틈이 하면 권법과 호흡법을 모두 익힐 수 있다. 초식에 맞춰서 천천히 호흡을 하고, 호흡에 맞춰서 천천히 권을 하도록 한다.

뒤편에 소개하는 호흡법은 무념으로써 자연호흡을 증강시키는 호흡법이니 잘 배우기 바란다. 이 호흡법은 일반인들이 해도 거의 폐해가 없고 몸과 마음의 기능을 좋게 하는 호흡법이다. 물론 이 또한 잘 아는 지도자의 지도하에 실천하기를 바란다.

호흡법(呼吸法)

🔖 **요결**(要訣)

1. 토기(吐氣)할 때 한 번에 숨을 내뿜지 말고 여러 번 나누어서 한다.
2. 토기와 흡기(吸氣) 사이에 약 1초 정도 간격을 둘 것이며 무리하게 힘주어 하면 안 된다.

🔖 **수련 방법**

1. 먼저 오른손을 아랫배에 대고 왼손을 그 위에 덮는다. 단전의 정확한 위치는 배꼽으로부터 손가락 3개를 겹쳐놓은 아랫부분에서 명문혈 뒤쪽으로 7할 부분이다.
2. 아랫배가 나올 정도로 단전으로 숨을 천천히 들이마신다. 이때 양껏 숨을 들이쉬지 말고 자기 폐활량의 80% 정도로 하여 무리 없이 한다.

3. 숨을 다 들이마셨으면 토기로 들어간다. 토기는 세 번에 나누어서 한다. 즉 숨을 1/3 토했다가 쉬고, 다시 1/3 토하고 쉬고, 나머지 1/3을 토하는 요령으로 한다. 이어서 다시 흡기(吸氣)로 들어간다. 이를 36회 한다.

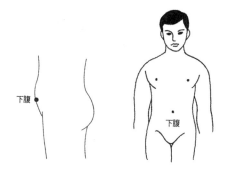

▧ 요결(要訣)

제1일에서와 같다.

▧ 수련 방법

1. 첫째 날에서와 마찬가지로 비스듬히 앉아 두 손을 단전 앞에 가지런히 포갠다.
2. 흡기의 요령은 첫째 날 토기에서의 요령과 마찬가지로 세 번에 나누어서 들이쉰다.
3. 흡기가 끝나면 토기(吐氣)로 들어간다. 토기 때 아랫배는 자연히 안으로 수축(收縮)된다.

▧ 주의 사항

1. 흡기건 토기건 흉부는 움직이지 않도록 한다.
2. 기타 사항은 첫째 날의 수련 요령과 같다.

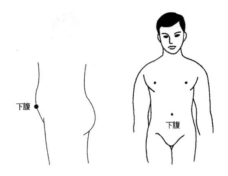

☖ **요결**(要訣)

1. 이번엔 숨을 나누지 말고 한 번에 토해내거나 들이마신다.
2. 흡기와 토기는 폐활량의 80% 이내에서 한다.

☖ **수련 방법**

1. 소파에 비스듬히 걸터앉아 두 손을 단전 위에 포갠다.
2. 흡기 때 아랫배가 천천히 불러 나오도록 한다.
3. 토기 때 아랫배가 천천히 수축되도록 한다.
4. 흡기와 토기를 1회로 하여 총 36차례 계속 호흡한다.

☖ **주의 사항**

호흡은 반드시 아래의 네 가지 요령에 맞추어 한다.
1. 심신을 이완시켜 느긋이 한다.
2. 가급적 느릿느릿 호흡한다.
3. 숨은 가늘고 길게 들이마시고 토해낸다.
4. 흡기와 토기는 각각 5:5의 비율로 한다.

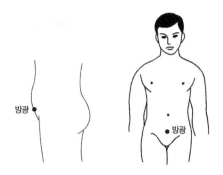

◎ **요결**(要訣)

방광의 신축 기능을 강화하는 훈련으로써 성기능의 강화에도 효과
가 크다. 방광의 위치는 배꼽 밑으로 손가락 5개를 겹쳐 놓은 아랫
부분이다.

◎ **수련 방법**

1. 앞에서와 같은 요령으로 하되 다만 두 손을 방광 부위, 즉 치골
   (恥骨) 위에 놓는다.
2. 호흡의 방법은 셋째 날과 같다. 다만 흡기 때 방광 부위가 불룩
   나오도록 하고, 토기 때엔 그 부분이 움푹 수축되도록 한다.

◎ **주의 사항**

수련 도중에 정신을 방광 부위에 집중시킨다. 정신 집중이 잘 안
될 때엔 눈으로 방광 부위를 직접 바라보면서 하는 것도 좋은 방법
이다.

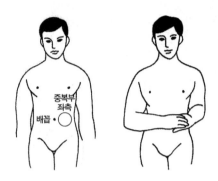

〽 **요결**(要訣)

본 좌복기본호흡에서 정신을 집중해야 할 곳은 그림에서 표시된
바와 같이 배꼽에서 좌측으로 손가락 세 개를 겹쳐 놓은 부분이다.

〽 **수련 방법**

1. 앞에서와 마찬가지로 두 손을 모아 왼쪽 배에 댄다.
2. 그 상태에서 흡기와 토기를 한다.
3. 흡기 때에는 왼쪽 배 부위가 불룩 나오도록 하고 토기 때에는
   움푹 들어가도록 한다. 실제로 왼쪽 배만 나오고 들어가게는 할
   수 없으나, 다만 관념상으로 그렇게 생각하고 실제로 그렇게 되
   는 것처럼 상상한다.

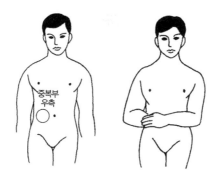

◻ **요결**(要訣)

정신 집중점은 다섯째 날과 반대로 오른쪽 배이다.

◻ **수련 방법**

1. 앞에서와 같은 요령으로 두 손을 모아 오른쪽 배에 댄다.
2. 그 상태에서 흡기와 토기를 한다.
3. 흡기 때 오른쪽 배가 불룩 나오고 토기 때에는 움푹 들어가도록
   한다.

◻ **주의 사항**

1. 이 호흡 역시 무리하게 해서는 안 된다.
2. 수련 횟수는 윗부분에 있는 연습횟수를 참고로 한다.

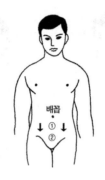

▥ 요결(要訣)

1. 위치: 배꼽 아래로부터 치골(恥骨)에 이르는 부위
2. 호흡 방법: 호흡을 여러 번으로 나누지 말고 한 번에 한다.
3. 노선(路泉): 위로부터 아래로, 즉 먼저 그림의 ①을 하고 나서 ② 로 넘어간다.

▥ 수련 방법

1. 먼저 하복 호흡법을 5회 한다.
2. 두 손을 그림에서의 ①부위(단전부위)에 대고 한 번 호흡한다.
3. 두 손을 그림에서의 ②부위(방광부위)에 대고 한 번 호흡한다.

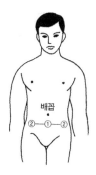

배꼽

〽 **요결**(要訣)

1. 위치: 배꼽 밑 세 치 아래, 즉 그림 ①의 부위와 그 세 치 좌우 쪽의 그림 ② 부위.
2. 호흡 방법: 나누지 말고 한 번에 한다.
3. 노선: 먼저 ①의 부위, 그 다음에 ② 부위.

〽 **수련 방법**

1. 복식 호흡법, 좌복식 호흡법, 우복식 호흡법을 각 5회 수련한다.
2. 두 손을 그림에서의 ① 부위(단전부위)에 대고 한 번 호흡한다.
3. 왼손은 좌측 ②의 위치, 오른손은 우측 ②의 부위에 대고 한 번 호흡한다.

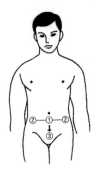

🔁 **요결**(要訣)

1. 위치: 그림 ①은 배꼽 밑 세 치 아래, 그림 ②는 그림 ①로부터 좌우로 세 치.

   그림 ③은 배꼽 밑 다섯 치 아래.

2. 호흡: 나누지 말고 한 호흡으로 한다.

🔁 **수련 방법**

1. 먼저 복식 호흡, 좌복식 호흡, 우복식 호흡, 방광 호흡법을 각 5회씩 수련한다.

2. 그림 ①의 위치에 손을 대고 한 번 호흡한다.

3. 그림 ②의 위치에 두 손을 대고 한 번 호흡한다.

4. 그림 ③의 위치에 손을 대고 한 번 호흡한다.

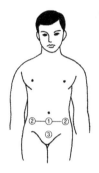

◪ **요결**(要訣)

1. 위치: 그림 ①,②,③의 부위
2. 호흡 방법: 숨을 나누지 말고 한 번에 한다.

◪ **수련 방법**

1. 먼저 복식 호흡법, 좌복식 호흡법, 우복식 호흡법 및 방광 호흡
   법을 각 5회씩 수련하고 나서
2. 두 손을 그림 ①에 대고 한 번 호흡한다.
3. 두 손을 그림 ②의 위치에 나눠 대고 한 번 호흡한다.
4. 두 손을 그림 ③에 대고 한 번 호흡한다.
5. 두 손을 다시 그림 ①에 대고 한 번 호흡한다.

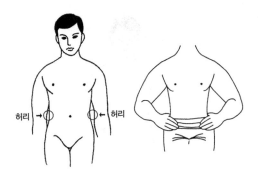

⚚ **요결**(要訣)

토기(吐氣) 때 숨을 세 차례 또는 그 이상으로 나누어서 토해낸다.

⚚ **수련 방법**

1. 우선 복식 호흡, 좌복식 호흡, 우복식 호흡법을 각 5회 수련한 뒤
2. 두 손을 그림에서와 같이 양쪽 허리에 얹어 놓는다.
3. 그 상태에서 천천히 흡기하여 양쪽 허리가 부풀어 오르도록 한 뒤
4. 다시 천천히 숨을 세 차례 이상 나누어 토해내며 허리 부위가
   들어가도록 한다.

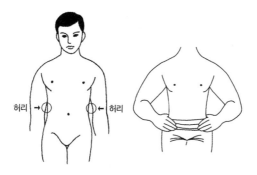

🔖 **요결**(要訣)

흡기(吸氣) 때 숨을 세 차례 또는 그 이상으로 나누어서 들이마신다.

🔖 **수련 방법**

1. 우선 복식 호흡, 좌복식 호흡, 우복식 호흡법을 각 5회 수련한 뒤
2. 두 손을 그림과 같이 허리에 놓는다.
3. 숨을 세 차례 그 이상으로 나누어서 들이마시며 허리 부분을 천천히 부풀린다.
4. 숨을 천천히 토해내며 허리 부위를 들어가도록 한다.

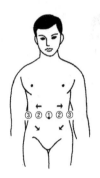

‖ 수련 방법

1. 우선 복식 호흡, 좌복식 호흡, 우복식 호흡, 요부 호흡, 방광 호흡법을 각 5회씩 수련한 뒤

2. 두 손을 그림 ①에 놓고 한 번 호흡한다.

3. 두 손을 그림 ②에 나누어 대고 한 번 호흡한다.

4. 두 손을 그림 ②에서 그림 ③으로 옮겨가면서 한 번 호흡한다.

5. 두 손을 그림 ③에서 그림 ④로 옮겨가면서 한 번 호흡한다.

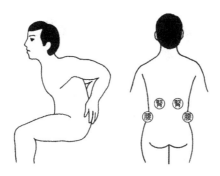

▥ 수련 방법

1. 그림과 같이 의자에 걸터앉아 손바닥으로 양쪽 신장 부위를 누른다.
2. 그 부분이 천천히 부풀어 나오는 듯한 기분으로 숨을 들이마시며 손바닥으로 양쪽 신장 부위를 누르면서 세 차례 또는 그 이상으로 숨을 나누어 토해낸다.

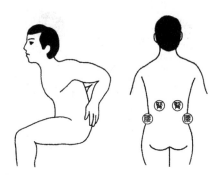

▥ 수련 방법

1. 우선 복식 호흡, 요부 호흡을 각 5회 수련한 뒤

2. 그림과 같이 의자에 걸터 앉는다.

3. 숨을 세 번 또는 그 이상의 횟수로 나누어 흡기(吸氣)한 뒤

4. 손바닥으로 양쪽 신장 부위를 누르며 천천히 숨을 토해낸다.

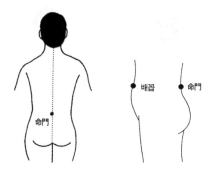

▥ **요결**(要訣)

명문혈(命門穴)의 위치는 그림과 같다.

▥ **수련 방법**

1. 우선 복식 호흡을 10회 실시한다.
2. 두 손을 주먹 쥐고 그 손등 부위로 등 뒤 명문혈을 누른다.
3. 이 상태에서 흡기 때에는 명문혈이 불룩 나오고, 토기 때에는
   들어가는 기분으로 36회 수련한다.

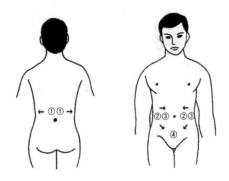

◫ 수련 방법

1. 우선 복식 호흡, 좌복식 호흡, 우복식 호흡, 요부 호흡, 신부 호흡법을 각 5회씩 한 다음

2. 두 손을 그림 ①의 부위에 바짝 붙인 채 한 번 호흡하고 나서

3. 두 손을 그림 ②에 대고 한 번 호흡한다.

4. 이어서 두 손을 그림 ③에 대고 한 번 호흡한다.

5. 마지막으로 그림 ④ 방광 부위로 옮겨 한 번 호흡한다.

※ 2.~5.의 방식으로 12회 반복 수련한다.

▥ 수련 방법

1. 우선 복부 호흡을 10회 하고 나서
2. 그림과 같이 의자에 걸터앉아 시선으로 단전을 주시한다.
3. 이 상태에서 천천히 흡기하면서 항문을 안쪽으로 강하게 죄어
   들인다.
4. 다시 천천히 토기(吐氣)하면서 죄었던 항문을 푼다.

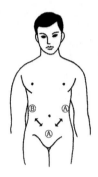

◎ 수련 방법

1. 우선 복부 호흡, 요부 호흡을 각 5회 한 뒤
2. 그림과 같이 의자에 걸터앉아 시선으로 배꼽 밑 세 치 아래 단전을 바라본다.
3. 이 상태에서 천천히 숨을 들이마시면서 항문을 수축하여 항문 쪽으로부터 기(氣)가 상승하여 양쪽 요부(腰部), 즉 그림 B위치에 도달하는 것처럼 상상한다. 이때 양쪽 요부가 팽창하도록 한다.
4. 천천히 토기하면서 기(氣)가 양쪽 요부로부터 다시 항문으로 하강하는 것처럼 상상한다.

제20일 정좌일신부통일법(靜坐一腎部統一法) 연습횟수: 36회

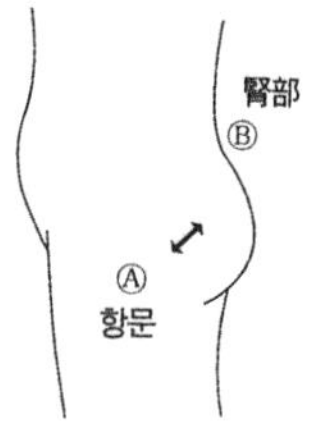

₪ 수련 방법

1. 우선 복부 호흡, 신부 호흡을 각 5회 실시하고 나서
2. 의자에 앉아 두 눈으로 배꼽 밑 세 치 아래 단전을 주시한다.
3. 그 상태에서 천천히 흡기하면서 항문을 수축하고 기가 항문으로부터 등허리의 양쪽 신부(腎部 그림B)로 상승하는 것처럼 느낀다.
4. 다시 토기하면서 양쪽 신부의 기가 항문으로 하강하는 것처럼 상상한다.

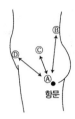

항문

📖 수련 방법

1. 의자에 걸터앉아 두 손을 무릎 위에 놓고 시선을 배꼽 아래 세 치(단전)에 집중한다.

2. 흡기(吸氣)하면서 항문을 수축한다. 이때 기(氣)가 항문으로부터 요부(그림C), 복부(그림D)를 거쳐 신부(그림B)로 상승하는 것을 느 낀다. 이렇게 하고 있으면 허리둘레가 팽창한다.

3. 토기(吐氣)하면서 기가 신부, 복부, 요부로부터 다시 항문으로 하 강하는 것을 느낀다.

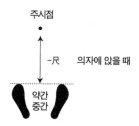

주시점

-尺　의자에 앉을 때

약간
중간

◎ 수련 방법

1. 그림과 같이 앉아 두 눈을 반쯤 뜬 채 그림에서의 주시점(注視點)에 해당하는 위치에 시선을 둔다. 이때 의식은 단전에 둔다.
2. 자신의 호흡 소리에 정신을 집중하면서 천천히 흡기한다.
3. 토기하면서 아랫배를 움푹 수축시킨다.

※ 횟수와는 상관없이 10~15분 가량 이 상태를 지속하며 2~3회의 호흡을 반복한다.

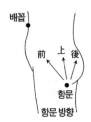

◎ 수련 방법

1. 수련에 앞서 우선 앞에서의 정좌 연습을 5분 가량 한다.
2. 천천히 숨을 두 모금에 나눠서 들이마신다. 이때 항문을 잔뜩 수축시킨다. 숨이 꽉 차면 아랫배 단전 부위가 불룩하도록 한다.
3. 천천히 토기하면서 항문의 수축을 푼다.

◎ 주의 사항

항문을 수축하는 방향에는 그림에서와 같이 앞, 위, 뒤쪽의 세 방향이 있다. 이번 호흡에서는 항문을 앞쪽으로 잔뜩 죄어 올리는 기분으로 한다.

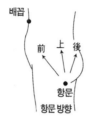

🔲 수련 방법

1. 우선 정좌 수련을 5분, 단전 호흡법을 2분 이상 수련한다.
2. 흡기는 세 모금으로 나누어서 하되 첫 모금에서는 항문을 앞 방향으로 죄어 올린다. 다시 둘째 모금에서는 항문을 윗 방향으로 죄어 올리며 요부를 팽창하고, 나머지 셋째 모금에서는 항문을 뒤편으로 죄어 올려 신부까지 팽창하도록 한다.
3. 토기하면서 항문과 복부, 요부, 신부의 긴장을 푼다.

Ⅲ 수련 방법

1. 수련에 앞서 우선 정좌 수련 3분, 단전 호흡법 2분, 단전연법을 3분 수련한다.

2. 흡기는 세 모금으로 나누어서 하되 첫 모금을 들이마실 때 속으로 1~5까지 세면서 항문을 앞으로 죄어 올린다. 둘째 모금에서는 속으로 6~10까지 세면서 항문을 죄어 올리면서 요부를 팽창시킨다. 마지막 셋째 모금에서는 속으로 11~15까지 세면서 항문을 뒤로 죄어 올리고 동시에 신부가 팽창하도록 한다.

3. 토기하면서 항문과 복부, 요부, 신부의 긴장을 푼다.

※ 1~5, 6~10, 11~15까지 속으로 세는 숫자는 가능한 한 천천히 하면서 기기에 맞춰 숨을 들이마신다.

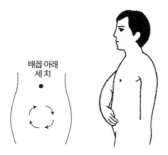

배꼽 아래
세 치

⬚ **수련 방법**

1. 우선 단전 호흡법을 5분간 한 후

2. 오른손 다섯 손가락 끝을 나란히 모아 배꼽 밑 세 치의 단전 부위에 댄다.

3. 흡기(吸氣)하여 아랫배를 부풀려 올리면서 이에 대항하듯 손가락 끝으로 배를 힘껏 누른다. 배와 손가락의 힘이 5:5로 백중하게 한다.

4. 토기하면서 아랫배와 손가락 끝의 힘을 뺀다.

철복공연법2(鐵腹功鍊法(二)) 연습시간: 10분종

🏛 수련 방법

1. 수련에 앞서 우선 단전호흡 5분, 철복공연법(1)을 7회 반복 수련한다.

2. 오른손 다섯 손가락 끝을 모아 그림처럼 복부에 댄다.

3. 천천히 흡기하면서 그림에서와 같이 시계 방향으로 복부를 꾹꾹 눌러 나간다. 누르는 점은 화살표 표시가 있는 다섯 곳이다.

4. 토기하면서 손가락과 배의 힘을 뺀다.

※ 이 방법은 횟수에 관계없이 10분 이상 느긋이 한다.

제28일 철복공연법3(鐵腹功鍊法(三)) 연습횟수: 36회

🏛 수련 방법

1. 수련에 앞서 우선 단전호흡 5분, 철복공연법(1)을 7회 반복 수련한다.

2. 오른손 다섯 손가락 끝을 모아 그림처럼 복부에 댄다.

3. 천천히 흡기하면서 그림에서와 같이 시계 방향으로 복부를 손가락 끝으로 툭툭 두드려 나간다. 두드리는 점은 다섯 곳에 한하지 않고 여러 차례 골고루 나누어 한다.

4. 토기하면서 손가락과 배의 힘을 뺀다.

※ 3.~4.를 36회 반복 수련한다.

철복공연법4(鐵腹功鍊法(四))   연습횟수: 36회

▥ 수련 방법

1. 오른쪽 손바닥을 복부로부터 10cm 앞에 쳐들어 둔다.
2. 폐활량의 1/2 가량만 흡기한다.
3. 숨을 토해내면서 손바닥으로 복부를 힘껏 친다.

철복공연법5(鐵腹功鍊法(五))   연습횟수: 36회

▥ 수련 방법

1. 오른손 주먹을 복부로부터 약 10cm 앞에 들어 둔다.
2. 폐활량의 1/2 가량만 흡기한다.
3. 숨을 토해내면서 주먹의 손바닥 쪽으로 복부를 힘껏 친다.

제12장

권(拳)의 요론(要論)

사색하지 말지니 신경 써서 헤아리고 의논하거나 정성을 쏟지 말라.
기약하지 않아도 저절로 그리되며 도달하려 애쓰지 않아도 저절로
이르게 된다.

사체백해를 하나의 기(氣)로 모아라

원래 흩어지는 것에는 반드시 근본이 되는 줄기가 있고, 나누어지는 것에는 반드시 합하는 부분이 있다. 이런 이유로 천지간 사면팔방의 모든 사물들은 각기 속하는 바가 있고 천만 가지 자락들은 각각 다 그 근본이 있는 것이다.

무릇 한 근본이 흩어져서 만 가지 사물이 되고 만 가지 사물은 하나의 근본으로 돌아가게 되니 세상만사의 그러한 이치는 무(武)에서도 다르지 않다.

천만 가지의 변화는 세(勢)가 아닌 것이 없고 기(氣)가 아닌 것이 없으니 세는 비록 모이지 않으나 기는 하나로 돌아간다. 소위 하나(一)라는 것은 위에서부터 발 아래까지, 안으로는 장부 근골에서부터 밖으로는 기육, 피부, 오관, 백해까지 서로 이어서 하나로 꿰뚫는 것이다. 깨뜨려도 깨지지 않고 내리쳐도 흩어지지 않아서 상체가 움직이면 하체가 저절로 따라주고 하체가 움직이면 상체가 저절로 거느리게 된다. 상하가 같이 움직여 중절이 공격하고 중절이 움직이면 상하가 서로 조화를 이루어 내외가 서로 연결되고 전후가 서로 구하게 되니 소위 '하나로 꿰었다'는 것은 이것을 말함이다.

억지로 이루려고 하지 말고 반드시 스며들 듯이 자연스럽게 행해야 한다. 멈추어 있을 때에는 숙연하고 깊이 있게 그 자리에 있되 산과 바위처럼 온건하게 하고 움직일 때에는 우레같이 땅이 무너지듯 하는데, 나아갈 때에는 빠르기가 벼락같이 한다. 또 고요히 있을 때에는 고요하지 않은 부분이 없어서 표리상하가 뒤섞이거나 어긋나고 거리끼고 나누어진 마음이 하나라도 있어서는 안 되고, 움직임에서는 움직이지 않은 부분이 없어서 전후좌우가 빠지거나 분리되거나 하나라도 흐느적거리는 형태가 있어서는 안 된다.

폭포에서 물이 아래로 떨어지는 것이 성대하여 막을 수 없는 것 같고, 참으로 불이 안에서 활활 타올라서 덮을 수 없는 것과 같다. 사색(思索)하지 말지니 신경 써서 헤아리고 의논하거나 정성을 쏟지 말라. 기약하지 않아도 저절로 그리되며 도달하려 애쓰지 않아도 절로 이르게 되니 이것이 자연스럽게 이루어지는 것이 아니고 무엇이겠는가.

무릇 기는 매일 쌓이는 것이 유익하고 공(功)은 오랫동안 연습해야 비로소 이루어지는 것이다. 성인들이 일관(一貫)에 대해 전하는 것을 보면 반드시 많이 듣고 열심히 익힌 후에 환한 깨달음의 경지가 되니 격물치지(格物致知)하는 노력을 멈추지 말고 계속한다면 일에 어렵고 쉬운 것이 없는 것을 알게 될 것이다.

공은 오직 스스로 이루어지므로 높이를 일정하게 하고 너무 급하게 하지 말라. 안보(按步)와 취보(就步)를 순차적으로 하여 앞으로 만보를 나간 후에는 관해(官骸)와 지절(肢節)이 스스로 통하고 서로 소통하여 상하표리가 연결되는 것이 어렵지 않다. 바라건대 흩어진 것을 모으고 나누어진 것을 합하여 사체백해(四體百骸)를 끝내 하나의 기로 모아라.

음양 청탁에 매이지 마라

일찍이 세간에서 추(捶)에 대한 논의가 있었는데 기(氣)에 대한 논의도 함께 있었다. 대저 기는 하나로 모으는 것을 중요하게 여기는데, 둘로 나누는 것이 가능하다. 소위 둘이라고 하는 것은 호흡(呼吸)이다. 호흡은 곧 음양(陰陽)이다. 추에서 동정이 없을 수 없고 기에서는 호흡이 없을 수 없다. 숨을 들이마시는 것이 음이요, 내쉬는 것이 양이 되고 고요하게 있는 것이 음이 되고 움직이는 것이 양이 된다. 상승하는 것은 양이 되고 하강하는 것은 음이 된다. 양기가 상승하면 양이나 하강하면 음이 되며, 음기가 하강하면 음이나 상승하면 양이 되니 이것이 바로 음양이 나누어지는 것이다.

청탁(淸濁)이란 무엇인가? 올라가서 위에 있는 것이 청이요, 내려가서 아래에 있는 것이 탁이다. 청기는 상승하고 탁기는 하강하므로 청은 양이 되고 탁은 음이 된다. 중요한 점은 양으로써 음을 기른다는 것이다.

합하여 말하자면 모두 기가되고 나누어 말하면 음양이 된다. 기는 음양이 없을 수 없은즉, 사람은 동정(動靜)이 없을 수 없고 코는 호흡이 없을 수 없으며 입은 출입이 없을 수 없으니 이는 서로 상대하여 순환이 계속 이루어지는 이치이다. 기는 나누면 둘이 되나 실은 하나인 것이다. 이 방면에 뜻을 둔 사람은 절대로 이에 얽매이지 말 것이다.

삼절이 아닌 것이 없다

　무릇 기는 몸에 그 근본을 두고 있고 몸의 마디는 정해진 위치가 없다. 삼절은 상 중 하이다. 몸으로 말하면 머리는 상절, 몸은 중절, 다리는 하절이다.

　상절에서도 또 절을 나누면 이마는 상절, 코는 중절, 턱은 하절이다. 중절에서는 가슴이 상절, 배가 중절, 단전이 하절이다. 하절에서는 발이 초절, 무릎이 중절, 대퇴부가 근절이다. 팔로 말하면 손이 초절, 팔꿈치가 중절, 어깨가 근절이다. 손으로 말하면 손가락이 초절, 손바닥이 중절, 장근(掌根)이 근절이다. 발도 이와 같다.

　머리에서 발끝까지 삼절(三節)이 아닌 것이 없다. 중요한 것은 삼절의 나누어짐이 없으면 의(意)를 둘 곳이 없다는 것이다. 상절이 밝지 못하면 의지할 곳이 없고 근본으로 할 곳이 없어진다. 중절이 밝지 못하면 온몸이 공허해지며 하절이 밝지 못하면 스스로 비틀거리며 넘어지게 된다. 이러한 즉 어찌 스스로 돌아보는 것을 소홀히 할 수 있겠는가?

　기가 발동하는 것을 보면 초절이 동하고 중절이 따르고 근절이 재촉하는 것일 뿐이다. 그러나 이는 절절(節節)을 나누어서 말한 것일 뿐이고 합해서 말한다면 위쪽 머리에서부터 아래 발까지 사체백해 모두가 통틀어서 하나일 뿐이다. 따라서 어느 곳에 삼절이 있다고 하겠는가.

사초가 채워지면 기가 충족된다

앞에서 신(身)과 기(氣)에 대해서 논하였으므로 이제 말초에 대해서 논해 보겠다. 무릇 초(梢)라는 것은 신체의 끝부분이다. 신체를 말함에 있어서 말초까지 미치지 못하면 기를 말하는 것도 말이 안 되는 것이다.

추(捶)는 안에서부터 밖으로 발하는 것을 말한다. 기는 말초까지 도달하기 때문에 기의 용(用)이 신체에 근본하지 않으면 공허하여 내용이 없고 각각의 말단에서 형식을 이루지 않으면 내용이 있는 듯하나 이내 공허하게 되니 어찌 익히지 않을 수 있겠는가. 다만 이는 신(身)의 초(梢)를 한정해서 말한 것이고 아직 기(氣)의 초(梢)에는 이르지 못한 것이다.

사초란 무엇인가. 발(髮)이 그 하나이다. 발과 관련된 것이 오행에도 들어가지 못하고 사체와도 무관하여 논하기에 부족한 듯하나 발은 혈지초(血之梢)이고 혈(血)은 기지해(氣之海)라 반드시 발에 근본하여 기를 논할 필요는 없으나 혈과 떨어져서 기가 생성될 수 없고 혈과 떨어지지 않으면 발에 겸하여 미치지 않을 수 없으니 발이 갓을 찌를 듯하면 혈초(血梢)가 충족한 것이다.

기타 설(舌)은 육초(肉梢)이고 육은 기가 모이는 주머니라 기가 육지초(肉之梢)에 형을 이루지 않으면 기의 양을 충족시킬 수 없으니 혀의 운동이 활발하여 씹는 운동을 재촉한 후에 육초가 충족할 것이다. 골초(骨梢)는 치(齒)이고 근초(筋梢)는 지갑(指甲)이다. 기(氣)는 골(骨)에서 생겨서 근(筋)으로 이어지니 치(齒)에 이르지 못하면 즉 근지초(筋之梢)에도 이르지 못하는 것이라 이를 채우려면 치로 근을 끊어내고 지갑으로 뼈를 뚫을 듯이 하지 않으면 안 되는 것이다.

진실로 이와 같이 하면 사초(四梢)가 충족하게 되고 사초가 채워지면 기도 역시 충족해지니 어찌 허이부실(虛而不實)이나 실이잉허(實而仍虛)한 것이 있겠는가?

오행백체가 일원이 된다

추(捶)라는 것은 세(勢)를 이름이고 세는 기(氣)를 말함이다. 사람은 오장(五臟)을 얻어서 형태를 이루는 것인 즉, 오장으로 말미암아 기가 만들어지니 오장이 충실한 것이 생성지원(生性之原)이요 생기지본(生氣之本)이니 이름하기를 심간비폐신(心肝脾肺腎)이 이것이다.

심(心)은 화(火)가 되어 염상지상(炎上之象)이 있고,
간(肝)은 목(休)이 되어 곡직지형(曲直之形)이 있으며,
비(脾)는 토(土)가 되어 돈후지세(敦厚之勢)가 있고,
폐(肺)는 금(金)이 되어 종혁지능(從革之能)이 있으며,
신(腎)은 수(水)가 되어 윤하지공(潤下之功)이 있으니.

이것이 오장지의(五臟之意)이며 반드시 기가 어떻게 움직이는지에 기준하여 각기 배합이 있게 되는 것이다. 이것이 무사(武事)에서 논의되는 것은 절대로 이와 분리될 수 없기 때문이다.

흉격(胸膈)은 폐경(肺經)이 위치하는 곳이고 모든 장부의 덮개가 되므로 폐경이 동하게 되면 다른 장부도 조용히 있을 수 없다. 양유지중(兩乳之中)이 심(心)이 되는데 폐포가 덮고 있고, 폐의 아래 위(胃)의 윗부분이 심경(心經)이 있는 곳이다. 심(心)은 군화(君火)가 되어 동하게 되면 상화(相火)가 따라서 합하지 않음이 없다.

양협지간(兩脇之間)에 왼쪽은 간이 되고 오른쪽은 비가 되며 배척(背脊)의 14골절이 모두 신(腎)이 되니 이것이 오장의 위치이다. 그러나 오장이 모두 배척과 연계되고 신수(腎髓)와 통하는 고로 신(腎)이 된다. 요(腰)에 이르면 잉신(兩腎)이 거처하는 곳인데 선천의 가장 첫 번째가 되고 모든 장(臟)의 근본이 된다. 고로 신수(腎水)가 충족하면 금목수화토(金木水火土)가 모두 생성되는 기전(機轉)이 있으니 이것이 오장이 위치하는 곳이다.

또 오장이 안쪽에 위치한 것이 각기 정해진 위치가 있듯이 몸에 있어서도 각기 소속된 바가 있으니, 영정뇌골배(領頂腦骨背)는 신에 속하고 양이(兩耳)도 역시 신이 된다. 양순양시(兩脣兩腮)는 모두 비(脾)에 속하고 양발(兩髮)은 폐가 된다. 천정(天庭)은 육양지수(六陽之首)가 되어 오장육부의 정화(精華)를 모으니 실제로 두면에서 가장 우두머리(頭面之主腦)가 될 뿐만 아니라 일신의 좌독(一身之座督)이 된다. 양목(兩目)은 모두 간이 되고 자세하게 살펴보면 상포(上包)는 비(脾), 하포(下包)는 위(胃), 대각(大角)은 심경(心經), 소각(小角)은 소장(小腸), 백(白)은 폐(肺), 흑(黑)은 간(肝), 동(瞳)은 신(腎)이 되니, 실제로 이들은 모두 오장의 정화가 모이는 곳이니 간에만 해당한다고는 할 수 없을 것이다.

비공(鼻孔)은 폐, 양이(兩顋)는 신(腎), 이문지전(耳門之前)은 담경(膽經), 이후지고골(耳後之高骨)도 역시 신이다. 비(鼻)는 중앙의 토(土)이니 만물을 자생하는 원천이나 실은 중기지주(仲氣之主)이다. 인중(人中)은 혈기가 모이는 곳이고, 위로 올라가 인당(印堂)을 지나 천정(天庭)에 이르니 지극히 중요한 부분이다.

입술의 아래를 승장(承獎)이라 하고 승장의 아래는 지각(地閣)이라 하니 위로는 천정과 상응하니 이 역시 신경(腎經)이 위치하는 곳이다. 영정경항(領頂頸項)은 오장지도도(五臟之道途)요 기혈지총회(氣血之總會)

이니, 앞쪽은 식기출입지도(食氣出入之道)이고 뒤쪽은 신기승강지도(神旗升降之途)가 된다. 간기(肝氣)는 이로 말미암아 왼쪽으로 돌고, 비기(脾氣)는 오른쪽으로 돌아가니 그 이어진바 더욱 중요하고 주신지요령(周身之要領)이 된다.

양유(兩乳)는 간(肝), 양견(兩肩)은 폐(肺), 양주(兩肘)는 신(腎), 사지(四肢)는 비(脾), 양견배전(兩肩背膞)은 모두 비(脾), 십지(十指)는 심간비폐신(心肝脾肺腎)이 된다. 슬(膝)과 경(脛)은 모두 신(腎)에 속하고 양각근(兩脚根)은 신(腎)의 중요한 부분이며 용천(涌泉)은 신혈(腎穴)이 된다.

대략 우리 몸에서 튀어나온 부분은 심(心), 우묵하게 들어간 곳은 폐(肺), 뼈가 드러나는 부분은 신(腎), 근육과 연관된 부분은 간(肝), 살이 두툼한 부분은 비(脾)가 된다. 그 뜻을 형상화하면 심은 용맹한 호랑이와 같이 하고 간은 화살과 같이 하며 비기(脾氣)는 힘이 세서 무궁하고 폐경(肺經)은 가장 신령하고 변화무쌍하고 신기(腎氣)의 빠른 움직임은 바람과 같이 한다.

그 용(用)이 되는 것은 그 경(經)을 사용함이니 그 몸의 각 부분이 어느 경에 속하는지 들어 보이면 끝내 의(意)가 없는 부분이 없을 것이니 이는 직접 해 봐야 스스로 알 수 있는 것이지 글자나 언어로 설명할 수 있는 바가 아니다.

생극치화(生剋治化)에 이르면 비록 각기 따로 논한 바가 있지만 그 요령을 궁구하여 스스로 두루 통한 바가 있으면 오행백체(五行百體)가 한데 모여 일원(一元)이 되고 사체삼심(四體三心=手心, 足心, 本心)이 일기(一氣)가 되니 어찌 반드시 한 모(毛) 경락을 자세히 밝히고 구구절절 나누어 말해 주어야 하겠는가.

일합이무불합(一合而無不合)이라

심(心)과 의(意)가 합하고 의(意)와 기(氣)가 합하고 기(氣)와 역(力)
이 합하니 내삼합(內三合)이다. 수(手)와 족(足)이 합하고 주(肘)와 슬
(膝)이 합하고 견(肩)과 고(胯)가 합하니 외삼합(外三合)이다. 이것이 육
합(六合)이다.

좌수(左手)와 우족(右足)이 상합하고 좌주(左肘)와 우슬(右膝)이 상합
(相合)하고 좌견(左肩)과 우고(右胯)가 상합하고 우측은 좌측과 같으며
두(頭)와 수(手)가 합하고 수(手)와 신(身)이 합하고 신(身)과 보(步)가
합하니 어느 것이 외합(外合)이 아니며, 심(心)과 안(眼)이 합하고 간
(肝)과 근(筋)이 합하고 비(脾)와 육(肉)이 합하고 폐(肺)와 신(身)이 합
하고 신(腎)과 골(骨)이 합하니 어느 것이 내합(內合)이 아니겠는가. 어
찌 단지 육합뿐이겠는가 이를 특별히 나누어 말한 것일 따름이다.

총괄하자면 일동이무부동(一動而無不動)이오 일합이무불합(一合而無不
合)이니 오형백체(五形百體)가 그 중(中)을 살펴 사용함이라.

터럭만큼도 동요되는 의가 없어야 한다

　두(頭)는 육양지수(六陽之首)요 주신지주(周身之主)가 되어 오관백해(五官百骸)가 이에 의뢰하지 않음이 없다. 고로 두(頭)는 나아가지 않으면 안 된다. 수(手)는 먼저 움직이되 기반은 부(膊)에 있어 부가 나아가지 않으면 수도 도리어 앞서가지 못한다. 기(氣)는 완(腕)에 모이고 기관(機關)은 요(腰)에 있다. 요가 나아가지 않으면 기가 굶주려서 튼실하지 못하게 되니 이는 오가 나아감을 귀하게 여김이다. 의(意)는 온몸을 하나로 꿰고 있고 움직임은 보(步)에 있으므로 보가 나아가지 않으면 의도 역시 할 수 있는 것이 없게 되니 이는 보가 반드시 나아가야 한다는 것이다.

　왼발이 나가면 따라서 오른발이 나가고 오른발이 나가면 따라서 왼발이 나가서 칠진(七進)이 되니, 어딘들 착력지지(著力之地)가 아니겠는가. 요지는, 나아가지 않을 때는 온몸을 합하여 터럭만큼도 동요되는 의(意)가 있어서는 안 되고, 한번 나감에 온몸 전체가 모두 추지유이지형(抽址游移之形)이 없도록 한다.

신(身)이 가면 백체(百體)가 따라서 움직인다

신법(身法)이란 무엇인가? 종횡고저진퇴반측(縱橫高低進退反側)일 따름이다.

종(縱)은 그 기세를 그대로 내버려두어서 한번 감에 돌이키지 않는 것이다. 횡(橫)은 그 힘을 싸안아서 펼치고 밀어내서(開拓) 막지 않는 것이다. 고(高)는 몸을 위로 올려서 몸이 마치 증장(增長)하는 듯한 형세이다. 저(低)는 몸을 낮추어 몸이 마치 찬착(攢捉)하는 형세이다. 응당 나아가야할 때인즉 진(進)하니 그 몸을 다하여 용감히 나아가 바로 찔러 들어감이요, 응당 물러나야 할 때인즉 퇴(退)하니 그 힘을 받아서 돌리고 낮추는 자세이다. 반신(反身)이란 뒤돌아봄인데, 뒤로 돌면 곧 앞쪽이 된다. 측(側)은 좌우를 돌아봄인데, 좌우로 하여금 감히 나를 당하지 못하게 하는 것이니 구구(拘拘)하지 않게 하는 것이다. 반드시 먼저 상대의 강약을 살피고 나의 기관(機關)을 운용하여 홀연 종(縱)하거나 홀연 횡(橫)하여 종횡(縱橫)이 기세에 따라 변화되는 것이고 한가지로 밀어붙일 수 없는 것이다. 홀연 고(高)하고 홀연 저(低)하여 고저(高低)를 때에 따라서 옮기는 것이니 규격에 맞추어서 말할 수 없는 것이다.

때가 되어 마땅히 나가야 되는 때에는 물러나지 않고 상대의 기(氣)를 꺾고 때가 되어 마땅히 물러날 때에는 그 나아감을 고무한다.

이는 진(進)은 진실로 진이로되, 퇴(退)는 이 역시 실은 진(進)에 의거한 것이다. 만약 반신하여 뒤로 돌아선다면 돌아선 후에는 그것이 뒤라고 생각하지 않는 것이고, 좌우로 측고(側顧)할 때에도 역시 그것이 좌우임을 인식하지 않는 것이다.

총괄하자면, 기관(機關)은 안(眼)에 있고 변통(變通)은 심(心)에 있으니 그 요점을 잡은 사람은 신(身)에 근본을 두니 신이 앞으로 가면 사체(四體)가 명령하지 않아도 움직이고 신(身)이 멈추게 되면 백체(百體)가 알지 못하는 상태에 처하게 된다. 신법을 생각하건대 가히 놓아둘 만하니 다시 논하지 않겠다.

활시위만 향해도 새가 떨어진다

무릇 오관백해(五官百骸)는 움직임을 주관하는데 실은 보(步)로써 운용하니 보는 일신지근기(一身之根基)요 운동지추뉴(運動之樞紐)인 것이다. 고로 응전하여 대적함에 모두 신(身)에 근본을 두어야 하는데 실제로 신의 지주(砥柱)가 되는 것은 보(步)가 아님이 없다. 수기응변(隨機應辯)은 수(手)에 있고 위하여 수를 움직이는 것도 역시 보에 있다. 진퇴반측(進退反側)도 보가 아니면 어찌 고탕지기(鼓盪之機)를 이룰 것이며 억양신축(抑揚伸縮)도 보가 아니면 어찌 변화지묘(變化之妙)를 보이겠는가. 소위 기관은 안(眼)에 있고 변화는 심(心)에 있으니 전만말각(轉灣抹角)과 천변만화(千變萬化)하되 군박(窘迫)하지 않으니 하막비보지사명여(何莫非步之司命歟)이요.

요(要)는 면깅(勉强)하여 이를 수 있는 것이 아니니, 동작은 무심(無心)에서 나오고 고무(鼓舞)는 불각(不覺)에서 나오니 몸이 움직이려 하면 보(步) 역시 주선(周旋)하고 수(手)가 움직이려 하면 보 역시 미리 최핍(催逼)하여 기약하지 않아도 그리되고 말을 몰지 않아도 달리게 되니 소위 상욕동이하자수지(上欲動而下自隨之)라는 것은 이것을 이른 것이다.

보(步)는 전후가 있는데 정해진 위치가 있는 것이 보(步)이고 정해진 위치가 없는 것도 또한 보(步)이다. 만약 앞발이 나아가고 뒷발이 따라가는 것에서는 전후가 스스로 정해진 위치가 있고, 앞발이 뒤로 가고 뒷발이 앞으로 가게 되니 전보는 뒤에서 다시 전보가 되고, 후보는 앞에서 다시 후보가 되니 전후가 자연스럽게 정해진 위치가 없게 된다.

종합하면 권(拳)은 세(勢)를 논함이니, 요점을 잡는 것은 보(步)가 되니 활(活)과 불활(不活)이 역시 보에 있고 영(靈)과 불영(不靈)도 역시 보에 있으니 그 쓰임이 크지 않은가. 추(搥)를 이름하여 심의(心意)라 하니 심의의 의는 심에서 생겨나고 권은 의를 따라 발하니, 총요는 자신을 알고 남을 알며 수기응변(隨機應辯)하는 것이다. 심기가 한번 발함에 사지가 모두 움직이고 족기(足起)에 유지(有地)하고, 슬기(膝起)에 유수(有數)하며, 동전(動轉)에 유위(有位)하니 합박망고(合膊望胯)하고 삼첨대조(三尖對照)하니 심의기(心意氣)가 내삼합이다.

권(拳)과 족(足)이 합하고 주(肘)와 슬(膝)이 합하고 견(肩)과 고(胯)가 합하여 외삼합이다. 수심(手心) 족심(足心) 본심(本心)의 삼심(三心)이 일기(一氣)로 상합(祖合)한다. 거리가 멀면 손을 쓰지 말고 추타(搥打)는 오척 이내 삼척 이상의 거리에서 하며 전후좌우에 상관없이 일보(一步)에 일추(一搥)하니 손을 써서 상대의 몸에 닿을 수 있는 것이 기준이 된다.

모습을 보이지 않는 것이 묘(妙)한 것이니 손을 쓰기가 빠른 것을 바람을 가르며 날아가는 화살과 같이 하고, 소리는 우렛소리와 같이 하고, 출몰함을 토끼와 같이 하고, 또한 새를 숲으로 날려 보내듯 한다. 적을 응했을 때는 커다란 대포로 얇은 벽을 밀고 나가는 듯하고, 눈은 밝고 손은 빠르게 하여 뛰어들어가서 바로 삼켜버리니 다시 손을 교차하지 않고 일기(一氣)가 마땅히 앞서서 이미 그 손으로 들어갔으니 영동(靈動)이 오묘한 것이다.

견공불타(見孔不打)하고 견횡타(見橫打)하며 견공불립(見孔不立)하고 견횡립(見橫立)하며 상중하 모든 기운이 정해진 위치를 잡고 신(身) 족(足) 수(手)가 규구승속(規矩繩束)하니 기불망공기역불망공락(旣不望空起亦不望空落)이리요. 정명영교(精明靈巧) 함은 모두 활(活)에 있으니 능거(能去) 능취(能就) 능유(能柔) 능강(能剛) 능진(能進) 능퇴(能退)하고 움직이지 않을 때는 산과 같이 하니 음양과 같이 알기 어렵게 하고, 천지와 같이 무궁하게 하며, 태창(太倉)과 같이 충실하게 하고, 사해와 같이 아득히 넓고 크게 하며 삼광(三光)처럼 빛나게 하니 적이 들어오는 세(勢)의 기회를 관찰하고 적의 장단을 재어서 정(靜)으로써 동(動)을 기다리니 상법(上法)이 있고 동으로써 정에 처하니 차법(借法)이 있다.

차법(借法)은 쉽고 상법(上法)은 어려우니 다시 말하면, 이는 상법이 가장 우선이라는 것이다. 용맹을 겨루는 사람은 실수를 생각할 수 없으니 실수를 생각하는 사람은 한걸음도 내딛기 힘들 것이다. 화살이 한 곳으로 모여서 떨어지듯이 바람같이 일어나서 손과 손이 앞을 향해서 공격한다.

거동이 암중(暗中)에 스스로 합하여 그 빠르기는 하늘에서 번개 치듯이 하며, 양방에서 좌우를 치고 방어하며 뒤돌아봄은 호랑이가 산을 찾듯이 한다. 참추(斬捶)는 용맹하여 당할 수 없고, 참초영면취중당(斬梢迎面取中堂)하고, 위로 닿고 아래로 닿는 세는 호랑이와 같고 이름답기는 매가 닭장에 내려오듯이 한다. 강을 뒤집고 바다를 건너는 것을 두려워하지 않고 한 마리 봉황이 해를 알현하니 비로소 강해지며 구름이 일월을 등지니 천지가 교합하고 무예는 서로 다투어 장단을 보인다.

보로촌개파척(步路寸開把尺)하고 벽면취거(劈面就去)하며 오른발이 나가고 왼발이 나아가니, 나가는 사람은 몸을 전진시키는 데 주의하며 몸과 손을 가지런히 하는 것이 참이요, 발(發)하는 가운데 법도가 있게 되니 어찌 용(用)을 따르겠는가. 그 의(意)를 밝게 밝히면 묘함이

신(神)과 같다. 매가 숲을 뚫고 날아갈 때 날개를 드러내지 않으며, 작은 새를 낚아챌 때 그 기세가 사방으로 뻗친다. 승리를 쟁취하려면 사지가 가지런해야 하고 가장 요구되는 것은 손이 심(心)을 보호해야 하는 것이다. 계모시운화(計謀施運化)하고 벽력주정신(霹靂走精神)하며 심독칭상책(心毒稱上策)하고 수안방승인(手眼方勝人)이라.

무엇을 섬(閃)이라 하고 무엇을 진(進)이라 하는가? 진이 섬이고 섬이 진이니 먼 데서 구할 필요가 없다. 무엇을 타(打)라 하고 무엇을 고(顧)라 하는가? 고가 타이고 타가 고이니 발수(發手)함이 바로 이런 것이다.

심(心)은 화약과 같고 주먹은 씨앗같이 단단하니 영기(靈機)가 한번 동하면 새도 날기 힘들고, 몸은 활시위와 같고 손은 화살과 같으니 활시위를 향하기만 해도 새가 떨어지는 신기함을 보인다. 기수(起手)를 섬뢰같이 하니 섬뢰는 눈 깜짝할 시간에도 미치지 않고 타인(打人)은 신뢰(迅雷)와 같이 하니 신뢰는 소리 날 시간에도 미치지 않는다. 오도본시오도관(五道本是五道關)이요. 무인파수자차란(無人把守自遮欄)이라 왼뺨으로 손이 지나가면 오른뺨으로 손이 나가고 오른뺨으로 손이 지나가면 왼뺨으로 손이 돌아오니 주먹을 쥐고 얼굴을 지나가면 오관지문관득엄(五關之門關得嚴)이라. 권이 심(心)을 따라 안에서 발하여 코끝을 향하여 떨어지고 족(足)은 지(地)를 따라 아래에서 일어나고 족이 일어나는 것이 빠르게 되면 심화(心火)가 만들어지고 오행금목수화토(五行金木水火土)의 화(火)가 염상(炎上)하고 수(水)는 아래로 내려가니 나에게 있는 심간비폐신(心肝脾肺腎)의 오행이 서로 밀어서 착오가 없을 것이다.

교수(交手)할 때는 사람이 없는 듯해라

　오른손이 나가려면 왼발이 나가고 왼손이 나가려면 오른발이 나간다. 발이 나갈 때는 뒤꿈치가 먼저 닿고 발끝으로는 열 발가락으로 땅을 움켜쥐어야 하며 보(步)는 온당(穩當)하고 신(身)은 장중(蔣重)하고 추(捶)는 심실(沈實)하여 골력(骨力)이 있어야 하는데, 나갈 때는 철수(撤手)로 나가고 상대에 닿을 때 권이 된다. 권을 사용할 때는 손가락을 꽉 말아쥐고 파(把)를 사용할 때는 잡을 때 기력이 있어야 하며, 상하의 기운은 균등하고 안정되어야 하고 출입 시에는 심(心)이 주재(主宰)하고 안수족(眼手足)은 따라서 나아가니 불탐불겸(不貪不歉) 부즉불리(不卽不離) 주락주와(肘落肘窩) 수락수와(手落手窩)한다. 오른발이 먼저 나가고 박첨(搏尖)을 앞으로 하는 것이 환보(換步)이다. 권은 심(心)에서 발하니, 신력(身力)으로 수(手)를 재촉하니 수는 심으로써 잡고 심은 수로써 잡는 것이며, 진인(進人)은 진보(進步)요. 일보(一步)에 일추(一捶)이니 일지(一支)가 동하면 백지(百支)가 모두 따른다. 발(發)하는 가운데 법도가 있게 되니 한번 잡으면 온몸이 모두 잡음이요, 한번 펴면 온몸이 모두 펴는 것이다. 펴는 것의 요점은 펴면서 앞으로 나가는 것이고 쥐는 것의 요점은 잡음에 근본을 얻는 것이다.
　권포(捲砲)는 말아쥐는 것을 긴장되게 하며, 붕(掤)에는 힘이 있어야 한다. 제타(提打) 안타(按打) 홍타(烘打) 선타(旋打) 참타(斬打) 충타(沖打)

분타(鎮打) 주타(肘打) 박타(膊打) 고당타(胯掌打) 두타(頭打) 진보타(進步打) 퇴보타(退步打) 순보타(順步打) 횡보타(橫步打)와 전후좌우상하의 모든 타법에 상관없이 모두 일기상수(一起相隨)가 요구된다. 출수선점정문(出手先占正門)을 일러서 교(巧)라 한다. 골절(骨節)은 대(對)를 요하니 불대(不對)하면 무력(無力)이라. 수파(手把)는 영(靈)을 요하니 불령(不靈)하면 생변(生變)이라. 발수(發手)는 쾌(快)를 요하니 불쾌(不快)하면 지오(遲誤)라. 거수(擧手)는 활(活)을 요하니 불활(不活)하면 불쾌(不快)라. 타수(他手)는 근(跟)을 요하니 불근(不跟)이면 불제(不濟)라.

존심(存心)은 독(毒)을 요하니 불독(不毒)이면 불준(不準)이라. 각요(脚腰)는 활(活)을 요하니 불활(不活)이면 담험(擔險)이라. 존심은 정(精)을 요하니 부정(不精)이면 수우(受愚)라. 발작(發作)은 매의 악착스런 용맹을 요하니 외정담대(外靜膽大)하고, 기(機)는 숙운(熟運)을 요하니 절대로 두려워하거나 게으름과 의심함을 갖지 말라. 심소담대(心小膽大)하고 면선심악(面善心惡)하니 정(靜)은 서생(書生)과 같이 하고 동(動)은 뇌발(雷發)같이 하라. 적이 들어오는 형세를 마땅히 자세히 관찰할 것이다. 발로 차고 머리로 받고 주먹으로 치고 팔로 일으키고, 몸으로 닥쳐서 앞으로 전진하고, 몸에 기대어 기발하며, 비스듬히 나아가 발을 돌려서, 막으며 치고 몸을 뒤집으며, 다리를 들어서 쭉 뻗어, 발은 동쪽을 가리키고 돌아보며 서쪽에서 쳐들어오는 것을 방어하니 상허하필실저(上虛下必實著)하고, 궤계지불승굴(詭計指不勝屈)이라.

영기(靈機)는 스스로 췌마(揣摩)하는 것이니 손으로 급하게 치고 느리게 함을 세속에서 '불가경(不可輕)'이라 하니 적확(的確)함에 식견(識見)이 있는 것이다. 일어날 때는 떨어지는 것을 잊고 떨어질 때는 일어나는 것을 잊으니 일어나고 떨어짐이 반복되어 서로 따르고 몸과 손이 가지런하게 이르니 이것이 진수이다. 전자고(翦子股), 망미참(望眉斬), 가상반배(加上反背) 여호수산(如虎搜山)이라(자식의 넓적다리를 자르고 눈썹이 잘리는 것을 바라보며 뛰어 올라 뒤로 돌아 호랑이 같이 산을 찾는다).

기수(起手)는 섬뢰(閃雷)같이 하고 타하(打下)는 신뢰(迅雷)같이 하니 비가 바람을 불게 하고 매가 제비를 재촉하며 요(鷂)가 숲을 뚫고 사자가 토끼를 잡는다. 기수 시에는 삼심(三心)이 상대가 되어야 하니 움직이지 않을 때는 서생(書生)과 같다가 움직이면 용호(龍虎)와 같다.

멀리 있을 때에는 손을 뻗어 때리지 말고 쌍수(雙手)로 심방(心安)을 보호하며, 우측에서 오면 우측으로 맞고 좌측에서 오면 좌측으로 맞으니 이것이 승리를 쟁취하는 것이다. 거리가 멀면 손으로 치고 가까우면 주(肘)를 가하며, 멀면 발로 차고 가까우면 슬(膝)을 가하니 원근(遠近)을 마땅히 알 것이다. 권타족척(拳打足踢)과 두지파세(頭至把勢)에 심인능규일사진(審人能叫一思進)하고 유의막대형(有意莫帶形)하고 대형필불영(帶形必不贏)이라. 첩취(捷取)할 때는 지형을 잘 살펴야 하니 권타상풍(拳打上風)하고, 손은 빠르게 발은 가볍게 세를 파악해서 움직임을 고양이같이 하라.

심(心)은 정(正)하고 눈은 정(精)하니 손발이 가지런하고 단정하여 빈틈이 없어야 한다. 만약 손이 도달했는데 보(步)가 도달하지 않으면 사람을 치는 것에 묘를 얻을 수 없으니, 손이 도달하면 보(步)도 같이 도달하여야 하며 사람을 칠 때는 풀을 잡듯이 하니 위로는 인후(咽候) 부위를 치고 아래로는 음부와 좌우양협(左右兩類)의 중심을 치니 앞으로 치는 것에서 일장(一丈)의 거리는 먼 것이 아니고 가까운 것은 단지 일촌(一寸) 간에 있으니 몸을 움직일 때는 산이 무너지듯이 하고 발을 디딜 때는 나무가 뿌리를 꽉 박고 있듯이 한다. 손을 일으키는 것은 대포같이 바로 찔러 들어가고 몸은 활발하게 움직이는 뱀과 같이 하여 머리를 치면 꼬리가 응하고 꼬리를 치면 머리가 응하며 가운데를 치면 머리와 꼬리가 모두 상응한다. 앞을 칠 때는 뒤를 돌아봄이 요구되고 나아감을 알면 물러섬도 알며, 심동(心動)은 빠르기가 말과 같고 비동(譬動)은 빠르기가 바람과 같아서 연습 시에는 앞에 적이 있는 듯하고 교수(交手) 시에는 마치 사람이 없는 듯한다.

앞에 있는 손이 올라가면 뒤에 있는 손이 강하게 밀어주고, 앞에 있는 다리가 올라가면 뒤에 있는 다리가 강하게 딛고 있으며, 얼굴 앞에 손이 있으나 손을 보지 말고 가슴 앞에 팔꿈치가 있으나 팔꿈치를 보지 않는다. 공(空)을 보면 치지 않고, 공을 보면 올리지 않으니, 권은 공기(空起)를 치지 않고 역시 공락(空落)을 치지 않으며, 손이 올라가면 발은 떨어지고 발이 떨어지면 손이 올라가니 심(心)은 선점(先占)해야 하고 의(意)는 다른 이를 이겨야 하며, 신(身)은 적을 공격하고 보(步)는 사람을 지나야 하고 앞쪽 다리는 가(跏)처럼 하고 뒤쪽 다리는 첨(添)처럼 한다. 머리는 우러르듯이 올리고 가슴은 드러내듯이 올리며 허리는 길게 올리고 단전은 운기(運氣)해야 하니 정수리에서 발까지 일기로 서로 꿰뚫는다.

담(膽)이 두려워하고 심(心)이 얼어붙어 있으면 반드시 승리할 수 없고 말과 용모와 색을 관찰할 수 없으면 반드시 사람을 방어할 수 없고 반드시 먼저 움직일 수도 없을 것이니 먼저 움직임이 사(師)가 되고 나중에 움직임이 제(弟)가 되며 능히 외치며 앞으로 나가되 물러나지 않는다.

삼절(三節)은 머물러야 하고 삼첨(三尖)은 비추어야 하며 사초(四梢)는 가지런해야 하고 삼심(三心)을 밝혀 한 곳으로 집중하고 삼절(三節)을 밝혀 한 곳으로 집중하며 사초를 밝혀 하나의 정밀한 부분으로 모으며 오행을 밝혀 일기(一氣)로 모은다. 삼절을 밝혀 불탐불염(不貪不廉)하고 기락진퇴(起落進退)에 다변(多變)하니 삼회구전(三回九轉)이 일세(一勢)인 총요는 일심(一心)이 주재(主宰)가 되는 것이다.

오행(五行)을 통하고 이기(二氣)를 움직이며 때때로 연습하되 조석(潮夕)을 어기지 않고, 반타(盤打) 시에는 힘써 행하고 수련이 오래되어 자연히 되게 한다. 이 말을 신뢰할 것이니 어찌 허언(虛言)이겠는가.

부 록

1. 예비식(豫備式)
2. 금강도추(金剛倒捶)
3. 나찰의(懶扎衣)
4. 육봉사폐(六封四閉)
5. 단편(單鞭)
6. 금강도추(金剛倒捶)
7. 백학량시(白鶴亮翅)
8. 사행요보(斜行拗步)
9. 초수(初收)
10. 전당요보(轉螳拗步)
11. 사행요보(斜行拗步)
12. 엄수굉추(掩手肱捶)
13. 금강도추(金剛倒捶)
14. 피신추(披身捶)
15. 배절고(背折靠)
16. 청용출수(靑龍出水)
17. 쌍추수(双推手)
18. 삼환장(三換掌)
19. 주저추(肘底捶)
20. 도권굉(倒捲肱)
21. 퇴보압주(退步壓肘)
22. 음양포(陰陽砲)

23. 중반(中盤)
24. 백학량시(白鶴亮翅)
25. 사행요보(斜行拗步)
26. 백사토신(白蛇吐信)
27. 섬통배(閃通背)
28. 엄수굉추(掩手肱捶)
29. 육봉사폐(六封四閉)
30. 단편(單鞭)
31. 운수(運手)
32. 고탐마(高探馬)
33. 우찰각(右擦脚)
34. 좌찰각(左擦脚)
35. 등일근(蹬一根)
36. 전당요보(前螳拗步)
37. 포두추산(拘頭推山)
38. 연주포(連珠砲)
39. 도기린(倒騎麟)
40. 백사토신(白蛇吐信)
41. 파고주(破鼓肘)
42. 등일근(蹬一根)
43. 해저번화(海底翻花)
44. 추산주(推山肘)

태극선(太極扇)

1. 기세(起勢)
2. 백원헌과(白猿獻果)
3. 회중포월(懷中抱月)
4. 선인지로(仙人指路)
5. 송조귀림(送鳥歸林)
6. 연자초수(燕子抄水)
7. 상보칠성(上步七星)
8. 유성간월(流星赶月)
9. 신룡반수(神龍反首)
10. 유전건곤(扭轉乾坤)
11. 유성간월(流星赶月)
12. 신룡반수(神龍反首)
13. 운연귀소(雲燕歸巢)
14. 봉황전시(鳳凰展翅)
15. 계자번신(鷄子翻身)
16. 음산타호(陰山打虎)
17. 신룡반수(神龍反首)
18. 노옹불수(老翁拂袖)
19. 엽저투도(葉底偸桃)
20. 화타수렴(華佗垂簾)
21. 황앵낙가(黃鶯落架)
22. 풍권하엽(風捲荷葉)
23. 금동탁인(金童托印)
24. 오용파미(烏龍擺尾)
25. 계자번신(鷄子翻身)
26. 상보타호(上步打虎)
27. 신룡반수(神龍反首)
28. 노옹불수(老翁拂袖)
29. 선인무수(仙人舞袖)
30. 엽저래연(葉底來蓮)
31. 선녀엄면(仙女掩面)
32. 군안남비(群雁南飛)
33. 철우경전(鐵牛耕田)
34. 일월도괘(日月倒挂)
35. 종규수문(鐘馗守門)
36. 패왕거정(覇王擧鼎)
37. 수풍파류(隋風擺柳)
38. 영풍탄진(迎風撣塵)
39. 추파조란(推波助瀾)
40. 유성간월(流星赶月)
41. 무수번화(舞袖翻花)
42. 금병도수(金瓶倒水)
43. 어약용문(魚躍龍門)
44. 신응멱식(神鷹覓食)

45. 아호금양(餓虎擒羊)

46. 패왕거정(覇王擧鼎)

47. 퇴피삼사(退避三舍)

48. 흑웅출동(黑熊出洞)

49. 연화출수(蓮花出水)

50. 좌당금종(左撞金鐘)

51. 한압부수(寒鴨浮水)

52. 야마번신(野馬翻身)

53. 금화낙지(金花落地)

54. 패왕거정(覇王擧鼎)

55. 사유웅풍(四維雄風)

56. 인사출동(引蛇出洞)

57. 도삽양류(倒揷楊柳)

58. 선녀봉반(仙女捧盤)

59. 조운도권(鳥雲倒卷)

60. 유성간월(流星赶月)

61. 투보료음(偸步撩陰)

62. 진비간화(振臂看花)

63. 삼환투월(三環套月)

64. 선인탄진(仙人撣塵)

65. 백사토신(白蛇吐信)

66. 발운견일(拔雲見日)

67. 신룡반수(神龍反首)

68. 백학량시(白鶴亮翅)

69. 평분추색(平分秋色)

70. 대지회춘(大地回春)

71. 도전건곤(倒轉乾坤)

72. 옥협환원(玉俠還原)

73. 수세(收勢)

1. 기세(氣勢)
2. 삼환투월(三環套月)
3. 대괴성(大魁星)
4. 연자초수(燕子抄水)
5. 좌우란소(左右欄掃)
6. 소괴성(小魁星)
7. 연자입소(燕子入巢)
8. 영묘박서(靈猫撲鼠)
9. 봉황대두(鳳凰擡頭)
10. 황봉입동(黃峰入洞)
11. 봉황우전시(鳳凰右展翅)
12. 소괴성(小魁星)
13. 봉황좌전시(鳳凰左展翅)
14. 등어세(等魚勢)
15. 좌우용행세(左右龍行勢)
16. 회중포월(懷中抱月)
17. 숙조투림(宿鳥投林)
18. 오용파미(烏龍擺尾)
19. 청용출수(靑龍出水)
20. 풍권하엽(風卷荷葉)
21. 좌우사자요두(左右獅子搖頭)
22. 호포두(虎抱頭)

23. 야마도간(野馬跳澗)
24. 늑마세(勒馬勢)
25. 지남침(指南針)
26. 좌우영풍탄진(左右迎風撣塵)
27. 순수추주(順水推舟)
28. 유성간월(流星赶月)
29. 천마비폭(天馬飛瀑)
30. 도렴세(挑簾勢)
31. 좌우거륜(左右車輪)
32. 연자함니(燕子銜泥)
33. 대붕전시(大鵬展翅)
34. 해저로월(海底撈月)
35. 회중포월(懷中抱月)
36. 나타탐해(哪吒探海)
37. 서우망월(犀牛望月)
38. 사안세(射鴈勢)
39. 청룡현조(靑龍現爪)
40. 봉황쌍전시(鳳凰雙展翅)
41. 좌우과란(左右跨欄)
42. 사안세(射鴈勢)
43. 백원헌과(白猿獻果)
44. 좌우락화세(左右落花勢)

45. 옥녀천사(玉女穿梭)

46. 백호교미(白虎攪尾)

47. 호포두(虎拘頭)

48. 어도용문(魚跡龍門)

49. 좌우오용교주(左右烏龍攪柱)

50. 선인지로(仙人指路)

51. 조천일주향(朝天一柱香)

52. 풍소매화(風掃梅花)

53. 호포두(虎抱頭)

54. 아홀세(牙笏勢)

55. 합태극(合太極)

1. 기세(起勢)
2. 병보점검(並步點劍)
3. 궁보삭검(弓步削劍)
4. 제슬벽검(提膝劈劍)
5. 좌궁보란(左弓步攔)
6. 좌허보료(左虛步撩)
7. 우궁보료(右弓步撩)
8. 제슬봉검(提膝捧劍)
9. 등각전자(蹬脚前刺)
10. 도보평자(跳步平刺)
11. 전신하자(轉身下刺)
12. 궁보평참(弓步平斬)
13. 궁보붕검(弓步崩劍)
14. 헐보압검(歇步壓劍)
15. 진보교검(進步絞劍)
16. 제슬상자(提膝上刺)
17. 헐보하절(歇步下截)
18. 좌우평대(左右平帶)
19. 궁보벽검(弓步劈劍)
20. 정보탁검(丁步托劍)
21. 분각후점(分脚後點)

22. 복보천검(僕步穿劍)-左
23. 등각가검(蹬脚架劍)-右
24. 제슬점검(提膝點劍)-左
25. 복보횡소(僕步橫掃)
26. 궁보하절(弓步下截)-左, 右
27. 궁보하자(弓步下刺)
28. 우좌운말(右左雲抹)
29. 우궁보벽(右弓步劈)
30. 후거퇴가검(後擧腿架劍)
31. 정보점검(丁步點劍)
32. 마보추검(馬步推劍)
33. 독립상탁(獨立上托)
34. 괘검전점(掛劍前點)
35. 헐보붕검(歇步崩劍)
36. 궁보반자(弓步反刺)
37. 전동하자(轉動下刺)
38. 제슬제검(提膝提劍)
39. 행보천검(行步穿劍)
40. 파퇴가검(擺腿架劍)
41. 궁보직자(弓步直刺)
42. 수식(收式)

태극곤(太極棍)

1. 기세(起勢)
2. 음양곤(陰陽棍)
3. 호슬곤(護膝棍)
4. 우발곤(右撥棍)
5. 앙면잡곤(仰面砸棍)
6. 회신살곤(回身殺棍)
7. 발곤(撥棍)
8. 염보잡곤(簾步砸棍)
9. 회신살곤(回身殺棍)
10. 우발곤(右撥棍)
11. 쌍발곤(雙撥棍)
12. 앙면점곤(仰面點棍)
13. 회신살곤(回身殺棍)
14. 발곤(撥棍)
15. 재곤(栽棍)
16. 근두곤(跟斗棍)
17. 진보잡곤(進步砸棍)
18. 도련곤(倒撞棍)
19. 좌우붕곤(左右掤棍)
20. 진보란요곤(進步攔腰棍)
21. 우호곤(右護棍)
22. 좌호곤(左護棍)

23. 번신직자(翻身直刺)
24. 전신잡곤(轉身砸棍)
25. 회신살곤(回身殺棍)
26. 호슬곤(護膝棍)
27. 삼붕곤(三掤棍)
28. 번신좌붕곤(翻身左掤棍)
29. 회신우붕곤(翻身右掤棍)
30. 번신도곤(翻身挑棍)
31. 번신잡곤(翻身砸棍)
32. 앙신곤(仰信棍)
33. 번발곤(翻撥棍)
34. 무화곤(舞花棍)
35. 타호곤(打虎棍)
36. 소곤(掃棍)
37. 난요곤(攔腰棍)
38. 우호슬곤(右護膝棍)
39. 좌호슬곤(左護膝棍)
40. 번신자곤(翻身刺棍)
41. 회신잡곤(回身砸棍)
42. 회신살곤(回身殺棍)
43. 척곤(踢棍)
44. 붕곤(掤棍)

45. 복잡곤(復砸棍)

46. 회신발초심사(回身拔草尋蛇)

47. 괴모출동(怪蚱出洞)

48. 야마도동(野馬跳洞)

49. 도보잡곤(跳步砸棍)

50. 퇴보잡곤(退步砸棍)

51. 전신잡곤(轉身砸棍)

52. 붕찰곤(掤札棍)

53. 우삽곤(右揷棍)

54. 타호곤(打虎棍)

55. 찰곤(扎棍)

56. 우소곤(右掃棍)

57. 찰곤(扎棍)

58. 우소곤(右掃棍)

59. 발곤(撥棍)

60. 영면잡곤(迎面砸棍)

61. 우소곤(右掃棍)

62. 좌소곤(左掃棍)

63. 붕곤(棚棍)

64. 찰곤(扎棍)

65. 수세(收勢)

형의오행권(形意五行拳)

1. 벽권개세(劈拳開勢)
2. 진퇴삼붕권(進退三崩拳)
3. 백학량시(白鶴亮翅)
4. 진보포권(進步炮拳)
5. 철보벽권(撤步劈拳)
6. 진보타형(進步打形)
7. 촌보용채재붕권(寸步龍采再崩拳)
8. 이묘도상수(踢猫到上樹)
9. 진퇴삼붕권(進退三崩拳)
10. 백학량시(白鶴亮翅)
11. 진보포권(進步炮拳)
12. 철보벽권(撤步劈拳)
13. 진보타형(進步打形)
14. 촌보용채재붕권(寸步龍采再崩拳)
15. 이묘도상수(踢猫到上樹)

편저자 소개

정안 김흥래(正眼 金興來)

대학원에서 언론학을 전공하였으며
현재 삼봉시스템, (유)버블비 대표.

야초(野草)선생이 전하는
태극권의 힐링

초판발행	2017년 8월 10일
편저자	김흥래
펴낸이	안상준
편 집	배우리
기획/마케팅	이선경
표지디자인	김연서
제 작	우인도·고철민
펴낸곳	㈜ 피와이메이트
	서울특별시 마포구 월드컵북로 400, 5층 2호(상암동, 문화콘텐츠센터)
	등록 2014. 2. 12. 제2015-000165호
전 화	02)733-6771
f a x	02)736-4818
e-mail	pys@pybook.co.kr
homepage	www.pybook.co.kr
ISBN	979-11-88040-15-5 03690